Aprendendo com os aprendizes

❧

A construção de vínculos
entre professores e alunos

© 2014 by Gabriel Chalita
© Direitos de publicação
CORTEZ EDITORA
Rua Monte Alegre, 1074 – Perdizes
05014-001 – São Paulo – SP
Tel.: (11) 3864-0111 Fax: (11) 3864-4290
cortez@cortezeditora.com.br
www.cortezeditora.com.br

Direção
José Xavier Cortez

Editor
Amir Piedade

Preparação
Roksyvan Paiva

Revisão
Alessandra Biral
Gabriel Maretti
Alexandre Ricardo da Cunha

Edição de Arte
Mauricio Rindeika Seolin

Projeto e Diagramação
More Arquitetura de Informação
Mozart Acs
Paula Rindeika

Ilustrações
Rodrigo Abrahim

Dados Internacionais de Catalogação na Publicação (CIP)
(Câmara Brasileira do Livro, SP, Brasil)

Chalita, Gabriel
  Aprendendo com os aprendizes: a construção de vínculos entre professores e alunos / Gabriel Chalita. – 1. ed. – São Paulo: Cortez, 2014.

  Bibliografia.
  ISBN 978-85-249-2280-0

  1. Interação professor-alunos 2. Pedagogia 3. Professores e estudantes 4. Psicologia educacional 5. Relações interpessoais I. Título.

14-08713   CDD-371.1023

Índices para catálogo sistemático:

1. Autoridade pedagógica: Professores e alunos:
   Relacionamento afetivo-cognitivo: Educação   371.1023
2. Professores e alunos: Relação pedagógica:
   Educação   371.1023

Impresso no Brasil – agosto de 2014

Aprendendo com os aprendizes

Gabriel CHALITA

1ª edição
2014

Dedicatória

Para Carmen Lúcia Bueno Valle,
Eloísa de Souza Arruda,
Luciana Temer e
Sérgio Shimura, professores geniais.

Nesta Aldeia de Piratininga onde temos uma grande escola de Meninos, filhos de índios, ensinamos a ler e escrever... Eles são nossa alegria e consolação...
(Carta do Ir. José de Anchieta aos padres e
irmãos de Coimbra, agosto de 1554)

Encontramo-nos de fato em tal estreiteza, que muitas vezes é necessário dar ao ar livre a lição de gramática aos Irmãos... Quanto aos meninos, que andam na Escola, quem não se comoverá vendo-os expostos ao vento e ao frio, aquecendo-se ao calor dum tição aceso, e aplicar-se à lição numa pobríssima e velhíssima, e, no entanto, feliz cabana?
(Carta do Ir. José de Anchieta a
Pe. Inácio de Loyola, setembro de 1554)

Expliquei suficientemente na carta anterior como se faz a doutrina dos meninos: quase todos vêm duas vezes por dia à escola, sobretudo de manhã; pois de tarde todos se dão à caça ou à pesca para procurarem o sustento; se não trabalham, não comem. Mas o principal cuidado que temos deles está em lhes declararmos os rudimentos da fé, sem descuidar o ensino das letras; estimam-no tanto que, se não fosse esta atração, talvez nem os pudéssemos levar a mais nada. Dão conta das coisas da fé por um formulário de perguntas, e alguns mesmo sem ele.
(Carta trimestral de maio a agosto de 1556
pelo Ir. José de Anchieta)

Ensinam aqui os nossos humanidades, primeiras letras e casos de consciência. Embora poucos, mostram-se os estudantes inclinados à virtude.
(Carta ânua de Pe. Anchieta ao geral, Pe. Cláudio Acquaviva –
Bahia do Salvador, jan. de 1584)

Pois que as conversações particulares os impressionam muito, ao verem o nosso esforço e o nosso cuidado, não podem deixar de admirar e reconhecer o nosso amor para com eles, principalmente, porque veem que empregamos toda a diligência no tratamento de suas enfermidades, sem nenhuma esperança de lucro.
(Carta trimestral de maio a agosto de 1556,
pelo Ir. José de Anchieta, de Piratininga)

Sumário

PALAVRAS INICIAIS..**10**

CAPÍTULO 1
QUEM É O ALUNO?...**20**

CAPÍTULO 2
A HETEROGENEIDADE DO PROCESSO EDUCATIVO **44**

CAPÍTULO 3
PROFESSOR-ALUNO: UMA RELAÇÃO DE VIDA **66**

CAPÍTULO 4
EDUCAR ACREDITANDO NO OUTRO...............................**78**

CAPÍTULO 5
SUPERANDO VÍCIOS E CONSTRUINDO VIRTUDES...........**104**

Palavras iniciais

Já são muito difundidos entre professores os conceitos educacionais relacionados aos quatro grandes desafios que garantem a eficiência do processo pedagógico:

- Aprender a ser
- Aprender a conviver
- Aprender a conhecer
- Aprender a fazer

O objetivo deste livro é tratar principalmente de um desses desafios: aprender a conviver. Sabe-se que ninguém consegue conviver sem, primeiro, aprender a ser, ou seja, sem antes assumir a própria individualidade. Cada ser é único, com identidade, condições e aspirações próprias, cuja existência, porém, não se cumpre isolada e privada do concurso da alteridade, do diálogo com o outro. Ser é conviver. É na relação com os outros que nos afirmamos e nos realizamos.

Aprender a ser é o desafio de toda uma vida. As nossas imperfeições são visíveis. Somos seres em construção. Não estamos prontos. Acabados. Que nessa construção, a despeito das diferenças, saibamos contrapor as forças que nos unem aos interesses que nos afastam, prevalecendo-nos da experiência com o outro para nos completar e aprender com os seus erros e acertos.

A convivência amplia nossos horizontes, mas também define nossos limites. Se conviver implica respeitar o outro, a liberdade, essencial à condição humana, tem um custo: a responsabilidade. Respondemos, perante os outros, por nossa liberdade de decidir e de agir. Por consequência, quanto mais nos conhecemos – quanto mais aprendemos a ser livres com responsabilidade –, maior é a nossa probabilidade de conviver em harmonia com o outro, suprindo e compensando mutuamente as limitações da nossa individualidade, sem faltar com o respeito recíproco.

PALAVRAS INICIAIS

A convivência requer compromisso, partilha, renúncia, diálogo e consenso, sem abdicar das diferenças. Sem essas condições, o que resta é discórdia, a negação da convivência. A capacidade de compartilhar as experiências de outrem pressupõe simpatia. E o que é simpatia? Casimiro de Abreu* responde:

O que é – simpatia

A uma menina

Simpatia – é o sentimento
Que nasce num só momento,
Sincero, no coração;
São dois olhares acesos
Bem juntos, unidos, presos
Numa mágica atração.

Simpatia – são dois galhos
Banhados de bons orvalhos
Nas mangueiras do jardim;
Bem longe às vezes nascidos,
Mas que se juntam crescidos
E que se abraçam por fim.

São duas almas bem gêmeas
Que riem no mesmo riso,
Que choram nos mesmos ais;
São vozes de dois amantes,
Duas liras semelhantes,
Ou dois poemas iguais.

Simpatia – meu anjinho,
É canto de passarinho,
É o doce aroma da flor;
São nuvens dum céu d'agosto
É o que m'inspira teu rosto...
– Simpatia – é – quase amor!

Indaiaçu – 1857.

---

*ABREU, Casimiro de. *As Primaveras*. (em pdf), p. 49-50. Disp. em: <http://www.dominiopublico.gov.br/download/texto/bn000163.pdf>. Acesso em: 22 abr. 2014.

No lirismo de Casimiro, as boas coisas da vida, as singelas, atraem, aproximam, unem, estabelecem vínculos que nos permitem conviver com o outro de forma mais harmoniosa.

Ao lado da simpatia, a moderação se faz mais importante que a eloquência, no diálogo com o outro. Graciliano

PALAVRAS INICIAIS

Ramos, em uma entrevista concedida em 1948, falava sobre a humildade das palavras, comparando o ato de escrever com o ofício das lavadeiras lá de Alagoas. E, na dedicatória de sua obra mais conhecida, também Maquiavel* indica preferir usar uma linguagem simples, sem brilhos falsos:

> *Não ornei esta obra e nem a enchi de períodos sonoros ou de palavras empoladas e floreios ou de qualquer outra lisonja ou ornamento extrínseco com que muitos costumam descrever ou ornar as próprias obras; porque não quis que coisa alguma seja seu ornato e a faça agradável senão a variedade da matéria e a gravidade do assunto. Nem quero que se repute presunção o fato de um homem de baixo e ínfimo estado discorrer e regular sobre o governo dos príncipes; pois assim como os que desenham os contornos dos países se colocam na planície para considerar a natureza dos montes, e para considerar a das planícies ascendem aos montes, assim também para conhecer bem a natureza dos povos é necessário ser príncipe, e para conhecer a dos príncipes é necessário ser do povo.*

---

*MAQUIAVEL, Nicolau. *O príncipe*. Escritos políticos. Trad. Lívio Xavier. São Paulo: Nova Cultural, 1996, p. 31-2.

A humildade das palavras nos faz perceber o poder que elas têm para construir ou destruir relações. A humildade é tinta certa para que a pintura da aprendizagem não saia borrada.

A convivência entre professores e alunos só será possível se, para ambos, resultar claro que, apenas pelo vínculo do compromisso, da responsabilidade e do respeito mútuo, o processo de ensino-aprendizagem poderá cumprir efetivamente o seu papel. É necessário que o aluno admire o professor para aprender com ele. Por outro lado, o professor também tem muito a aprender. Nessa relação de admiração surge um amor responsável. Mestres e aprendizes ensinam e aprendem. A diferença está na experiência, no tempo do preparo, na maturidade. Na disposição para a luta.

Rousseau*, em seu *Emílio ou Da educação*, nos ensina:

> *Outro erro que já combati, mas que não sairá nunca dos pequenos espíritos, está em afetar sempre uma dignidade magistral e querer passar por um homem perfeito no espírito do discípulo. Este método é contraproducente. Como não veem que, querendo consolidar sua autoridade, eles a destroem? Que para fazer ouvir o que se diz é preciso pôr-se no lugar daquele a quem se fala, e que é preciso ser homem para tocar o coração humano? Todos esses indivíduos perfeitos não impressionam nem*

persuadem: é fácil demais combater paixões que não sentem. Mostrai vossas fraquezas a vosso aluno, se quiserdes curar as dele: que veja em vós as mesmas lutas que se apresentam a ele, que aprenda a dominar-se com vosso exemplo, e que não diga como os outros: estes velhos despeitados, por não serem mais jovens, querem tratar os jovens como velhos: e como todos os desejos deles se extinguiram, querem incriminar-nos pelos nossos.

*ROUSSEAU, Jean-Jacques. *Emílio ou Da educação*. Trad. Sérgio Milliet. 3. ed. Rio de Janeiro: Bertrand Brasil, 1995, p. 397.

No mesmo sentido, a obra *Pedagogia da indignação*, de Paulo Freire, é um convite à reflexão sobre a relação fascinante que deve haver entre professores e alunos. Um desafio para vencer a indisciplina, a indiferença, a violência e a apatia. É a construção de possibilidades de superação de guerras que se travam porque o diálogo perdeu força e poder.

Professores e alunos precisam caminhar em busca dos mesmos objetivos. A sala de aula não pode ser uma arena de lutas nem um palco em que as vaidades se desafiam. A sala de aula tem de ser um espaço de construção, em que o amor seja liame do conhecimento entre o passado e o futuro.

É a poesia da vida a serviço da poesia da educação. Professores mais elevados e enlevados pelo amor à educação serão mais facilmente aceitos por seus alunos. Um pouco mais de poesia, então, para começar nossa conversa:

Vida*

Sempre a indesencorajada alma do homem
resoluta indo à luta.
(Os contingentes anteriores falharam?
Pois mandaremos novos contingentes
e outros mais novos.)

Sempre o cerrado mistério
de todas as idades deste mundo
antigas ou recentes;

🎋 PALAVRAS INICIAIS

sempre os ávidos olhos, hurras, palmas
de boas-vindas, o ruidoso aplauso;
sempre a alma insatisfeita,
curiosa e por fim não convencida,
lutando hoje como sempre,
batalhando como sempre.

---

*WHITMAN, Walt. *Folhas de Relva*. Seleção e tradução de Geir Campos. Ilustrações de Darcy Penteado. Rio de Janeiro: Civilização Brasileira, 1964, p. 94. Disp. em: <http://portugues.free-ebooks.net/ebook/Folhas-de-Relva/pdf/view>. Acesso em: 15 abr. 2014.

Capítulo 1

Quem é o aluno?

Todo ser humano é sujeito de aprendizagem. Em todos os lugares e em todas as etapas da vida é possível aprender alguma coisa. A sala de aula não é o único espaço em que a aprendizagem acontece. Entretanto, a sala de aula é um espaço privilegiado para esse aprendizado. O aluno vai à escola em busca de alguma coisa, que muitas vezes não sabe o que é, que preencha o que lhe falta. O fato é que sempre haverá algo faltando e é, por isso, que a aprendizagem não se esgota nunca.

As crianças vão à escola por vários motivos. Primeiro, porque os pais têm consciência da necessidade do processo de

CAPÍTULO 1 – Quem é o aluno?

formação que se dá na escola, sem que isso os desobrigue da responsabilidade como primeiros educadores. Vão as crianças à escola por uma obrigação constitucional: perdem o pátrio poder os pais ou as mães que se furtam a essa responsabilidade. Vão à escola as crianças porque não há quem fique com elas em casa, e os pais têm de trabalhar. Motivos não faltam para que uma criança cumpra todo o seu ciclo obrigatório de aprendizagem. Isso pode parecer lugar-comum, mas, ainda ontem, grande parte das crianças estava fora da escola, fazendo outras coisas que não estudar. A universalização do Ensino Fundamental no Brasil ocorreu há pouco tempo. Falta ainda universalizar a Educação Infantil e o Ensino Médio. Entretanto, esse é um assunto para outro momento. O fato é que, hoje, a consciência de que é necessário assegurar a todos o acesso à escola constitui princípio básico e incontestável.

O jovem vai para a escola porque sente que lá é o seu espaço de mudança de qualidade de vida, de mobilidade social. Vai porque quer um futuro. Vai porque acredita em um mundo novo que começa com o diploma na mão. Já aprendeu que o mercado de trabalho é dificílimo para quem concluiu seus estudos; imagine, então, para quem ainda nem conseguiu terminar a educação básica.

Vai para a escola porque quer uma profissão e, para isso, sabe que precisa aprender. Ninguém consegue, sem conteúdo, dar conta dos desafios de uma vida profissional. Mesmo diante das críticas de que se aprende mais no mercado de trabalho do que na escola, porque faltaria à escola o que sobra no mercado, ou seja, a prática; mesmo com esse discurso, não há quem acredite que o profissional, sem nenhum estudo, possa galgar espaços de sucesso. No passado, em que pouca gente tinha acesso às salas de aula, não se dava tanta importância à formação escolar. Hoje, com as novas tecnologias e os novos desafios, a educação é ainda mais essencial.

O adulto vai para a escola porque não quer parar de estudar ou porque parou por um tempo e resolveu voltar para viver o que não viveu antes. Talvez a falta de recursos, o excesso de trabalho, o sustento da família tenham atrasado o sonho de aprender em uma universidade ou em uma escola. O adulto geralmente tem a maturidade de não perder tempo. Não está na escola para brincar. Está para aprender e também conviver.

CAPÍTULO 1 – Quem é o aluno?

Não são poucos os casos de viúvos ou viúvas, de pessoas mais velhas que, depois de criarem filhos e netos, voltam à sala de aula para começar uma nova etapa da vida.

Crianças, jovens e adultos vão para a escola com finalidades louváveis. Claro que há exceções. Há aqueles que vão porque os pais obrigam. Para esses, a escola não passa de um espaço estranho, em que são obrigados a ouvir explanações sobre matérias de que não gostam, de professores que não admiram. Mesmo esses alunos tidos como problemáticos são possíveis de serem recuperados com uma boa convivência. O primeiro passo é não desistir deles.

Os estudantes vêm de caminhos diferentes, carregam histórias de vida cheias de tropeços. Alguns se quebraram no meio do caminho, muitas vezes, desviando-se do rumo, e é preciso muito cuidado para reconstruí-los. Como uma obra de arte rara que, por algum motivo, tenha se danificado, é preciso habilidade para restaurá-la. É necessário conhecimento, sutileza. Se não for assim, corre-se o risco de – em vez de recuperá-la – destruir-se o pouco que dela restou. É dessa destreza e delicadeza que necessita o professor na relação com os seus alunos, principalmente com aqueles que tiveram o insucesso de viver em uma família sem amor.

É preciso que o professor enxergue o aluno e tente conhecê-lo. Que se pergunte: quem são os meus alunos? O que querem? Sonham? Se sonham, com o que sonham? Se não sonham, como fazê-los sonhar?

É difícil imaginar que um professor conheça com profundidade cada um de seus alunos, até porque conhecimento exige tempo. E o tempo é tão pouco para tanta gente!

Aristóteles, em sua genial obra *Ética a Nicômaco*, no último dos dez livros, comenta sobre a relação entre a medicina e a educação. Diz o filósofo que, tal como o médico que precisa conhecer o paciente antes de prescrever o medicamento e a

CAPÍTULO 1 – Quem é o aluno?

dieta, também o professor só pode educar quem verdadeiramente conhece. A relação tem de ser de proximidade, individualizada.

Há fatores que ajudam esse conhecimento de quem são os alunos. Dinâmicas de apresentação, memorização dos nomes, atenção às conversas. Espaço para que o aluno se revele.

Além disso, o professor tem de evitar qualquer tipo de preconceito. A primeira impressão pode ser falsa, ou melhor, se for negativa, quase sempre será falsa.

Certo ano, no início das aulas de uma turma de Direito na Pontifícia Universidade Católica de São Paulo (PUC-SP), um aluno ficou o tempo todo com os olhos fechados, quase que deitado em duas ou três carteiras, com o boné a cobrir-lhe o rosto. Os outros estavam atentos e repletos de perguntas e inquietações. A aula transcorreu muito bem, mas eu fiquei profundamente incomodado com a postura inadequada e displicente daquele aluno, em uma instituição de Ensino Superior.

Na semana seguinte, a cena se repetiu e, assim que acabou a aula, eu me dirigi educadamente a ele e disse, distante dos outros:

— Tiago, não me incomoda o fato de você ficar deitado na classe. Talvez você aprenda melhor assim, não sei. A minha preocupação é com o seu futuro. Você escolheu uma profissão muito formal: direito. Uma postura assim pode fazer com que algumas portas se fechem em sua vida profissional. É só nisso que eu gostaria que você refletisse.

E fui saindo. Na semana seguinte, ele não foi de boné nem ficou deitado. Aos poucos, foi participando ativamente da aula e, ao final do ano, ele me disse uma frase que pode ser considerada um presente por qualquer professor:

— O senhor mudou a minha vida, professor.

O que esse menino queria, no início do ano, era de fato testar a minha paciência. Era saber se eu, na prática, seria capaz de aplicar, em sala de aula as teorias sobre afeto defendidas em meus próprios livros. Ele tinha a certeza de que eu daria um sermão e o expulsaria da sala de aula. Nunca fiz isso em todos esses anos de magistério. O máximo foi sugerir que algum aluno mais agitado desse uma volta, falasse fora da classe o que estivesse ávido por dizer, tomasse um copo de água e depois voltasse calmamente. Aqui está outra questão fundamental: coerência. Um educador não pode ser mal-educado. Os gestos são tão fortes, a postura é tão essencial que as palavras quase desaparecem.

O professor não pode perder o controle diante da postura inadequada de alguns de seus alunos. Não tem sentido um aluno gritar de um lado, e o professor, de outro. Não tem sentido um professor ameaçar um aluno com arrogância nem implorar com sua subserviência para que a sala fique em silêncio e ele consiga prosseguir.

Saber quem é o aluno exige esforço e atenção. Exige compromisso.

Eu me esforço ao máximo para saber o nome de todos os meus alunos. E não são poucos. Tento conversar nos intervalos, ouvir algumas histórias. Correspondo-me com vários deles por *e-mail* e *Twitter*. E muitos, muitos eu acompanho por longos anos. E acompanho com prazer e felicidade. É impressionante a capacidade que têm os nossos alunos de trilhar um caminho de sucesso quando nós preparamos as etapas. Quando nós orientamos o início da caminhada, o que vem depois é com eles. Como eles decidirem.

A vida seguirá com novos aprendizados em outros lugares, em outras etapas da vida. A esse propósito, Euclides da Cunha*, examinando a difícil condição do homem em *Os sertões*, não deixa de se encantar com o saber e a probidade agreste dos vaqueiros, com valores dos quais não se pode abrir mão:

> Graças a um contrato pelo qual percebem certa percentagem dos produtos, ali ficam, anônimos – nascendo, vivendo e morrendo na mesma quadra de terra – perdidos nos arrastadores e mocambos; e cuidando, a vida inteira, fielmente, dos rebanhos que lhes não pertencem.

O verdadeiro dono, ausente, conhece-lhes a fidelidade sem par. Não os fiscaliza. Sabe-lhes, quando muito, os nomes.

Envoltos, então, no traje característico, os sertanejos encourados erguem a choupana de pau a pique à borda das cacimbas, rapidamente, como se armassem tendas; e entregam-se, abnegados, à servidão que não avaliam.

A primeira cousa que fazem é aprender o abc e, afinal, toda a exigência da arte em que são eméritos: conhecer os "ferros" da sua fazenda e os das circunvizinhas. Chamam-se assim os sinais de todos os feitios, ou letras, ou desenhos caprichosos como siglas, impressos, por

❋ CAPÍTULO 1 – Quem é o aluno?

tatuagem a fogo, nas ancas do animal, completados pelos cortes, em pequenos ângulos, nas orelhas. Ferrado o boi, está garantido. Pode romper tranqueiras e tresmalhar-se. Leva, indelével, a indicação que o reporá na "solta"[1] primitiva. Porque o vaqueiro não se contentando com ter de cor os ferros de sua fazenda, aprende os das demais. Chega, às vezes, por extraordinário esforço de memória, a conhecer, uma por uma, não só as reses de que cuida, como as dos vizinhos, incluindo-lhes a genealogia e hábitos característicos, e os nomes, e as idades etc. Deste modo, quando surge no seu logrador um animal alheio, cuja marca conhece, o restitui de pronto. No caso contrário, conserva o intruso, tratando-o como aos demais. Mas não o leva à feira anual, nem o aplica em trabalho algum; deixa-o morrer de velho. Não lhe pertence. Se é uma vaca e dá cria, ferra a esta com o mesmo sinal desconhecido, que

---

1 - Pastagens sem cerca, às vezes muito afastadas dos sítios. Têm o nome particular de *logrador* quando, mais próximas, estão em lugares aprazíveis.

reproduz com perfeição admirável; e assim pratica com toda a descendência daquela. De quatro em quatro bezerros, porém, separa um, para si. É a sua paga. Estabelece com o patrão desconhecido o mesmo convênio que tem com o outro. E cumpre estritamente, sem juízes e sem testemunhas, o estranho contrato, que ninguém escreveu ou sugeriu.

Sucede muitas vezes ser decifrada, afinal, uma marca somente depois de muitos anos, e o criador feliz receber, ao invés da peça única que lhe fugira e da qual se deslembrara, numa ponta de gado, todos os produtos dela.

Parece fantasia este fato, vulgar, entretanto, nos sertões.

Indicamo-lo como traço encantador da probidade dos matutos. Os grandes proprietários da terra e dos rebanhos a conhecem. Têm, todos, com o vaqueiro o mesmo trato de parceria, resumido na cláusula única de lhe darem, em troca dos cuidados que ele despende, um quarto dos produtos da fazenda. E sabem que nunca se violará a percentagem.

[...]

*CUNHA, Euclides da. *Os sertões*. 27. ed. Rio de Janeiro: Livraria Francisco Alves, 1968, p. 92-3.

CAPÍTULO 1 – Quem é o aluno?

No filme *My Fair Lady,* com direção de George Cukor, baseado no livro *Pigmaleão,* de George Bernard Shaw, a relação entre o ensino e a aprendizagem é abordada de forma bem interessante:

Praça do mercado central de Londres, numa noite chuvosa e fria do início do século XX. Sob a marquise, bem em frente a uma casa de ópera, pessoas da alta sociedade esperam carruagens para voltar para casa. Uma florista maltrapilha reclama em altos brados de estar sendo observada por um senhor bem-vestido que insiste em anotar cada palavra que ela pronuncia. Imagina que seja um policial que a vigia para expulsá-la do seu ponto de venda.

O homem, porém, é professor de fonética, que se gaba de reconhecer a origem de uma pessoa pelo som de sua voz, com margem de erro inferior a seis quilômetros. Ele a acusa de "assassinar, a sangue frio, a língua inglesa". Curiosos se aproximam para ouvir a conversa, e testemunham uma estranha aposta. O professor Henry Higgins (interpretado por Rex Harrison) propõe ao coronel Pickering, um admirador que acabara de conhecer, que seria capaz de transformar a rude florista (interpretada por Audrey Hepburn) em uma dama preparada para frequentar as altas rodas sociais, apenas por ensinar-lhe a falar corretamente.

Para as aulas, a florista vai morar na casa do professor. A primeira providência é mandar a governanta dar-lhe um banho, prática que não fazia parte da rotina da florista Elisa Doolittle. Filha de um vagabundo beberrão, perdera a mãe muito cedo e tinha aprendido a ganhar a vida vendendo flores nas ruas. Seu modo de falar assimilara as blasfêmias dos charreteiros, as gírias dos carregadores, os gritos dos feirantes. Era, sem dúvida, um desafio para o professor.

Nos primeiros dias, Elisa passa horas repetindo as vogais. Sua pronúncia é horrível. Depois, passa a exercitar a diferença entre o **r** brando, o **r** vibrante e o **h** aspirado. O desastre é similar. Ela se desespera. Ela se impacienta. O professor, afinal, dá-se conta de que não será possível ensinar a língua sem ensinar, primeiro, a importância das atitudes.

CAPÍTULO 1 – Quem é o aluno?

Exaustos, ambos conversam sobre o futuro. De professor inflexível, Higgins muda de atitude e passa a demonstrar maior compreensão das dificuldades da aluna. A partir desse ponto, a relação entre ambos avança, e Elisa começa a aprender com maior facilidade.

A aprendizagem tanto evolui que o professor Higgins decide levar Elisa ao templo da elegância: o jóquei-clube. Ela se comporta bem, mas comete uma gafe imperdoável ao xingar o cavalo em que tinha apostado, e que perdera a dianteira. Foi um escândalo.

De volta a casa, o coronel Pickering, o cavalheiro que havia apostado contra Higgins, pondera:

"– Realmente, Higgins, é desumano continuar. Você percebe o que tentou ensinar nestas seis semanas? Ainda tem que ensiná-la a andar, a falar, a se comportar perante um duque, um lorde, um bispo, um embaixador. É absolutamente impossível. Higgins, estou tentando dizer que desisto da aposta. Sei que você é teimoso, como eu, mas esta experiência acabou."

Numa nova tentativa, a despeito das ponderações do coronel, Higgins leva Elisa a um baile em homenagem à rainha da Transilvânia, que se encontrava em visita a Londres. Elisa é apresentada à sociedade e encanta a todos, pela elegância, postura, educação e boa conversa. A própria rainha manda um emissário pedir-lhe que dance com o filho, o príncipe Gregor. Mas um especialista em língua, o húngaro Zoltan Karpathy, assessor da rainha, aproxima-se para travar conversação com Elisa, e sua origem humilde poderia estar prestes a ser desmascarada. Eis o diagnóstico que Zoltan leva para a rainha:

"– O inglês dela é muito bom, o que indica que ela é estrangeira. Os ingleses não costumam ser muito instruídos em sua própria língua. E apesar de ter, talvez, estudado com um perito em dialética e gramática, posso afirmar que ela nasceu húngara. E de sangue nobre! Seu sangue é mais azul do que o Danúbio."

Higgins e Pickering voltam exultantes para casa. Elogiam-se mutuamente pelo triunfo, mas sequer mencionam Elisa e seu esforço. Ela, deixada de

CAPÍTULO 1 – Quem é o aluno?

lado, fica triste. Os dois homens nem percebem o abatimento da moça. Despedem-se para dormir e ela fica na sala, chorando. Henry volta, dali a pouco, porque esqueceu os chinelos. Observa Elisa e pergunta o que há de errado.

"– Com você nada, não é?" – ela diz. "– Ganhei a aposta para você, não foi? Já basta. Eu não conto, não é?"

"– Fui eu quem ganhou a aposta, sua presunçosa!"

"– Seu bruto egoísta! Agora que tudo terminou, vai poder me jogar de volta na sarjeta. O que será de mim?"

"– O que será de você? Você está livre agora. Vai poder fazer o que quiser."

"– Fazer o quê? Você me preparou para quê?"

"– Você devia se casar. Não é feia. É até agradável de olhar. Às vezes, até atraente. Minha mãe podia arranjar alguém para você."

"– Eu era mais digna antes. Vendia flores, não a mim mesma. E, agora que você fez de mim uma dama, eu não sirvo para mais nada."

Higgins a chama de ingrata, e vai dormir. Não entendera o que se passava com a moça. Ela espera que ele durma e foge.

Vai para o mercado, de onde viera, seis meses antes. Nenhum dos velhos amigos a reconhece. Isso a deixa ainda mais triste. É uma pessoa presa entre dois mundos, sem pertencer a nenhum deles.

Sem saber para onde ir, resolve visitar a mãe de Henry (para onde Henry vai também, pensando não ter sido visto). Num depoimento à Sra. Higgins, Elisa diz uma frase que serve como verdadeiro corolário da sua história.

"– Deixando de lado o que se aprende, a diferença entre uma dama e uma florista não é como se comporta, mas como é tratada."

Henry franze a testa ao ouvir isso. Elisa continua:

"– Serei sempre uma florista para o professor Higgins, porque ele sempre me tratou como uma florista, e sempre o fará. Mas sei que serei sempre uma dama para o coronel Pickering, porque sempre me tratou como uma dama e sempre o fará."

E a história continua.

Algumas observações são interessantes para se entender o caráter pedagógico do filme, embora as cenas, os diálogos e o contexto expliquem por si sós.

CAPÍTULO 1 – Quem é o aluno?

As primeiras metodologias utilizadas pelo professor Higgins não demonstram surtir efeito. Elisa não conseguiu aprender. Por mais que ela tenha tentado, sua pronúncia era horrível, e seu inglês, um insulto aos conhecedores da língua. O esforço, repetido numerosas vezes, resultou em estrondoso fracasso. Permaneceu sem comer, sem dormir, sem direito a fazer absolutamente nada, apenas repetindo as vogais às quais não conseguiu dar a correta entonação.

Como ninguém aprende assim, o professor Higgins partiu para outra metodologia, agora mais eficiente. Começou a trabalhar não só as vogais ou a sequência de palavras, mas a atitude. A atitude frente à vida, ao sonho de ser aceita e de participar da sociedade, de deixar de ser vendedora de flores na rua para ser, de fato, uma dama. Depois de refletir sobre as atitudes, a aprendizagem ganhou um novo significado. E Elisa, de fato, transforma-se. Mas como o mestre ensina e também aprende, como dizia com propriedade Guimarães Rosa, é Elisa quem dá uma lição no aparentemente insensível professor Higgins.

É necessário saber utilizar o poder da palavra para realizar o milagre da transformação. A educação decorre de um movimento interno, influenciado por ambientes externos. O aluno deve ser instigado, motivado a aprender. É assim desde Sócrates, que comparava a educação à arte da parturição. A criança está pronta, mas necessita de um impulso para nascer. Sozinho fica mais difícil ou quase impossível. Alguma ajuda é necessária. O professor não deve desprezar as ideias próprias que seus alunos têm sobre as coisas e que trazem consigo para a sala de aula. Elas estão ali, esperando alguém, cujo conhecimento, experiência e habilidade sejam capazes de lapidá-las, ajudando a realizar a transformação que se espera do verdadeiro processo de aprendizagem. E, com gentileza, tudo fica mais fácil, porque o ser humano torna-se dócil frente à gentileza. Suas resistências caem e seus medos desaparecem, porque do outro lado há alguém que decididamente só quer o bem.

Gentileza é amabilidade, amenidade, atenção, civilidade, cortesia, distinção, polidez, meiguice, fineza, doçura, enfim, educação.

Essas são virtudes que transformam, alimentam e realimentam a esperança pelo poder da palavra, e impulsionam para o sonho. Gentileza. Até a palavra faz bem para os ouvidos,

CAPÍTULO 1 – Quem é o aluno?

faz bem para a alma. Com a gentileza, os gestos surgem carregados de boa intenção, e contagiam. Pais gentis, mães gentis, filhos gentis, professores gentis, diretores gentis, governantes gentis, mulheres e homens gentis. Não parece ser difícil transformar assim o ser humano, ajudando-o a entender que, com gentileza, se vai muito longe.

Não reside aqui nenhum desejo de transformar o mundo inteiro, apenas a intenção gentil de fazer com que cada mulher ou homem, motivados pela gentileza, sejam melhores. E, sendo um pouco melhores, ajudem a construir um mundo melhor. Mesmo que esse mundo seja pequeno, apenas o das suas casas, das suas escolas ou dos círculos de pessoas que estão ao seu redor.

Já se provou que os métodos arbitrários e violentos não educam. Quando muito, adestram. E adestrar o ser humano, condicioná-lo a obedecer por medo é reduzir sua estatura intelectual e emocional. A educação não é isso.

Na natureza e nas artes, a inspiração para a vida. Testemunha-o Comênio*:

> Os açoites e as pancadas não têm nenhuma força para inspirar, nos espíritos, o amor das letras, mas, ao contrário, têm muita força para gerar, na alma, o tédio e a aversão contra elas. Por isso, quando se adverte que à alma se apega a doença do tédio, esta deve ser afastada com dieta e, depois, com remédios doces, em vez de a tornar mais violenta com o emprego de remédios violentos. Desta prudência dá-nos mostras o próprio sol que, no princípio da primavera, não incide logo sobre as plantas novinhas e tenras, nem, logo desde o princípio, as estreita e queima com o seu calor, mas aquecendo-as pouco a pouco, insensivelmente, fá-las crescer e ganhar vigor; e, finalmente, quando já são adultas e amadurecem os seus frutos e as suas sementes, lança-se sobre elas com toda a sua força. O jardineiro usa dos mesmos cuidados, tratando com mais delicadeza as plantas novinhas, com mais ternura as que são ainda tenrinhas, e não faz sentir a tesoura, nem a navalha, nem a foice, nem as feridas às plantas que ainda as não podem suportar. E o músico, se a guitarra, ou a harpa, ou o violino está desafinado, não bate nas cordas com o punho ou com um pau, nem o atira

CAPÍTULO 1 – Quem é o aluno?

contra uma parede, mas procede com arte até que as tenha bem afinadas. É desta maneira que deve chegar-se a criar, nos alunos, um amor harmonioso dos estudos, se se quer evitar que a sua indiferença se transforme em hostilidade, e a sua apatia em estupidez.

*COMÊNIO, João Amós. *Didática magna*. Cap. XXVI. Trad. e notas Joaquim Ferreira Gomes. Fundação Calouste Gulbekian, 2001, p. 450-1. Disp. em: <http://www.ebooksbrasil.org/adobeebook/didaticamagna.pdf>. Acesso em: 13 mar. 2014.

Capítulo 2

A heterogeneidade do processo educativo

*J*á é lugar-comum afirmar que os alunos são diferentes uns dos outros, mas infelizmente muitos professores buscam um perfil de perfeição em seus alunos ou acabam por distingui-los de forma simplista. Traçam uma linha divisória entre os que consideram bons e ruins. É quase que um maniqueísmo cognitivo. No lado dos bons, estão os que são atentos, fazem tarefas, tiram boas notas, são limpos, educados, bonitos. No lado dos ruins, estão os bagunceiros, os que dormem, os que não trazem o trabalho pronto de casa, os que atrapalham, enfim. Será que, apesar das diferenças, eles têm alguma coisa

CAPÍTULO 2 – A heterogeneidade do processo educativo

em comum? O que os une? O que os separa? De que precisam esses alunos?

O professor precisa perguntar o tempo todo para si mesmo o que fazer, como fazer e em que momento fazer. Precisa ser reflexivo. Não deve guardar para si o que sabe, esperando que seus alunos lhe perguntem. Um professor mecânico – que cumpre o que deve ser cumprido e registra o que transferiu de informações – não reflete, não pergunta e, portanto, não se lembra de que há respostas dentro de si mesmo.

O professor, para se sentir mais seguro, acaba, de maneira inadequada, por construir carimbos que justifiquem a não aprendizagem de uma parte de seus alunos. Uns, ele carimba de disléxicos, outros de hiperativos, superdotados, vândalos irrecuperáveis, malformados, bipolares (essa é a moda mais recente). Isso faz com que ele se sinta desobrigado em relação àqueles que não conseguem aprender ou conviver. É evidente que os distúrbios de aprendizagem existem e que muitos problemas psicológicos são suscitados por crises pessoais e sociais que ocorrem fora do ambiente escolar. Não está, entretanto, o professor autorizado a diagnosticar e, muitas vezes, alertar os pais sobre patologias que desconhece.

Certa vez, uma mãe me procurou dizendo que a professora insistia em afirmar que a sua filha era bipolar, o que o psiquiatra havia desmentido. Tentei entender as razões que haviam levado a professora a concluir, com tanta autoridade, que a menina sofria de distúrbio bipolar, o que, em grau mais elevado, equivaleria ao que se chamava antigamente de psicose maníaco-depressiva. A única justificativa da professora era de que a criança ora estava saltitante, alegre demais, ora estava triste, quieta em seu canto. Mais nada. Mas todo ser humano não é assim? Todos nós, com problemas ou não, variamos da alegria ao recolhimento, das falas continuadas à necessidade de silêncio.

Uma outra professora, que reclamara de alunos hiperativos, justificou-se dizendo que eles não paravam quietos. Mas não é natural que crianças não parem quietas, que queiram se mover de um lado a outro, perguntar e brincar?

CAPÍTULO 2 – A heterogeneidade do processo educativo

Dada a heterogeneidade dos estudantes, cabe aos educadores usar estímulos diferentes para conduzir e encantar os alunos que são diferentes. E mais do que isso, é preciso paciência para que o tempo de aprendizagem aconteça. Mas um aspecto relevante deve ser considerado: todo aluno é capaz de aprender se o professor for capaz de ensinar. Se há elementos que dificultam o processo de aprendizagem, há professores que têm competência para trabalhar com esses elementos dificultadores e ajudar na aprendizagem, aprendendo, inclusive, com a superação dos seus alunos.

Quantas histórias fascinantes há de alunos que superam a deficiência ou a dificuldade porque encontraram no caminho mestres de verdade.

Há muitos adolescentes transgressores que ocupam as salas de aula e, aparentemente, não conseguirão aprender nada. O cinema é rico em histórias assim. Em *Escritores da Liberdade*, uma professora transforma a sala de aula fazendo com que os alunos consigam enxergar o quanto estavam desistindo de lutar e de viver, e o quanto de poder desperdiçavam em uma vida também desperdiçada.

O jovem que passa por dificuldade de convivência não precisa de piedade do educador. Não se trata de assisti-lo como sujeito estranho aos outros e que, por isso, merece mais atenção. Pode até merecer mais atenção, mas o professor tem de ser sutil. Não se valoriza a diferença. Valoriza-se a semelhança. Naturalmente, a diferença existe, mas não pode ser justificativa para a desigualdade. Iguais e diferentes, ao mesmo tempo. Desiguais, não.

Essa reflexão também vale para os alunos com alguma deficiência. Tive um aluno com deficiência na Faculdade de Direito do Mackenzie, que, na primeira aula, assim que respondi aos outros sobre o processo de avaliação, disse-me:

— Professor, eu sou dispensado da avaliação.

— Por quê? – perguntei.

— Porque tenho deficiência – respondeu.

— Mas por que isso lhe dá o direito de não fazer avaliação? – insisti.

— Os outros professores me dispensam – respondeu.

— Eu não vou dispensá-lo.

— Mas eu escrevo devagar.

CAPÍTULO 2 – A heterogeneidade do processo educativo

— Não tem problema. Eu me sento ao seu lado, e você vai me falando ou, então, ficamos até mais tarde para que você possa calmamente responder às questões.

Ele aparentemente não gostou muito, mas a aula seguiu o seu rumo. Duas semanas depois, eu dei um trabalho para que eles fizessem em casa. Teriam de escrever um artigo sobre determinado tema, e o aluno voltou a me pedir:

— Professor, eu não preciso fazer, não é?

— Por quê? — perguntei.

— Porque tenho deficiência, escrevo devagar.

— Mas vocês têm duas semanas para concluir o trabalho. Acho que, mesmo escrevendo devagar, dá tempo de fazer.

— É que os outros professores dispensam.

— Eu não vou dispensar, não.

Duas semanas depois, ao recolher os trabalhos, parei exatamente no trabalho desse aluno. Ele tinha apenas um parágrafo. Então, disse a ele:

— Parabéns! É maravilhoso o que você escreveu.

E era mesmo.

— O senhor gostou?

— Muito, muito mesmo.

— O senhor não está falando só para me agradar?

— Não. Você escreve muito bem. Pena que só fez um parágrafo.

— Se o senhor quiser, eu continuo.

— Está bem. Quero, sim. Pode me entregar na semana que vem.

— Não. Eu faço agora.

E ele continuou o artigo e se esqueceu de que escrevia devagar. Na verdade, os outros professores não o dispensavam. Era apenas uma forma que ele tinha usado para chamar a atenção. Evidentemente, ele já devia ter sofrido muito preconceito, e isso havia acentuado sua carência. Mas esse aluno precisava apenas de respeito, não de piedade. De limites também, como todos os outros.

Imaginar que os alunos aprendem da mesma forma e ao mesmo tempo é negar a diversidade do ser e do conviver. E, nessa convivência, para que se entenda a diferença, o professor precisa escutar. Somente quem escuta é capaz de falar com o outro de forma dialogada. Há muita gente que fala sozinho,

CAPÍTULO 2 – A heterogeneidade do processo educativo

mesmo falando com o outro, porque nada diz ao outro. Porque não conhece o outro. Porque, de fato, nunca o escutou. Falar impositivamente não é dialogar. Dizer um texto pronto, um monólogo qualquer, dificilmente surtirá algum resultado.

Escutar o aluno é caminhar com ele pelas suas dúvidas, pelos seus medos. É dissipar alguns e permitir que outros sejam dissipados por eles mesmos, com o tempo. O aluno tem o direito de fazer a sua história, de usar de sua imaginação, de sua fantasia.

Fantasia é uma palavra que vem do latim *phantasia,* que significa 'visão, imaginação, aparência, sonho, ideia, concepção'. Quem fantasia exerce a criatividade, que é parte da sensibilidade humana. É a sensibilidade que reaviva a capacidade de criar. E, ao criar, é capaz de se encontrar, o que é fundamental para a criação.

A arte é um belo caminho na educação heterogênea. A arte é libertadora. A arte é produtora de sonhos, propulsora de sensibilidade. A arte é emoção e é ação. Trabalha os elementos dos universos intrínseco e extrínseco do ser humano.

Solitariamente, tem o artista a possibilidade de refletir para criar. Sua reflexão é uma viagem pelo seu universo interno e por outros tantos universos com os quais convive, observa, percebe, sente. E dessa reflexão resultam esculturas, pinturas, escritos em prosa e em verso.

Cooperativamente, a arte é uma troca em que papéis se somam em um resultado final. Quão rica é a experiência, por exemplo, do teatro na escola! Cada um tem o seu desempenho na construção do espetáculo. Estuda-se com mais prazer, aprende-se com mais leveza, porque cada aluno percebe o significado do que pesquisa e do que realiza. O mesmo se dá com grupos de dança e de música, ou com equipes de tantas outras atividades. O artista sente que o palco é um jogo em que cada um tem de fazer a sua parte. Como na vida. O aluno precisa aprender a conviver, porque terá de resolver problemas em equipe, terá de aceitar temperamentos diferentes do seu, terá, enfim, de esperar o tempo do outro, e aceitar a forma com que o outro produz para chegar ao lugar desejado.

CAPÍTULO 2 – A heterogeneidade do processo educativo

Não há profissional que consiga resolver tudo sozinho. Nem naquelas profissões aparentemente mais solitárias, como a de escritor. Alguém precisará ilustrar o livro ou fazer a sua capa, redigir o contrato para a sua publicação, cuidar da venda. E se o escritor for insuportável, mesmo que tenha talento, terá dificuldade de prosseguir.

A escola, preocupada simplesmente em melhorar o seu desempenho em exames de avaliação oficiais e no resultado de concursos vestibulares, tem a péssima predisposição de não valorizar o estudo das artes. Essa postura é equivocada, e até criminosa, sob o ponto de vista de desenvolvimento da autonomia.

Quantos alunos se descobrem nas manifestações artísticas e, a partir disso, conseguem aprender outras disciplinas também, porque passam a acreditar neles mesmos. A teoria das inteligências múltiplas não apregoa que um aluno ou é artista ou é dotado de raciocínio lógico-matemático ou espacial. Quando uma das aptidões se desenvolve, a outra também se manifesta. É a força da autoconfiança.

É por isso que o cinema faz tanto sucesso. Mesmo nos filmes cujo final muitas vezes se conhece, como *Titanic*, que levou uma multidão de jovens ao cinema em todo o mundo. Jovens que se dirigiram às salas de projeção porque havia algo a mais naquele filme, além da própria história que os sensibilizava, as músicas, o desejo, a conquista, a luta pela sobrevivência do amor, a liberdade representada por aquele oceano. Quando afirmam que a juventude só gosta de lixo, eu devolvo com esses argumentos: jovem gosta de emoção e, por isso, precisa conhecer algo que o emocione com intensidade. Como fez sucesso o projeto na Secretaria de Estado da Educação de São Paulo, que levava as crianças a conhecer a música erudita! E jovem gosta de música erudita. É preciso apenas ser apresentado a ela.

No filme *E.T.*, diferentemente de *Titanic*, em que os protagonistas eram lindos, e talvez isso justificasse tanto sucesso, toda uma geração também se emocionou.

O E.T. era feio para os nossos padrões, tinha uma fala estranha, um tamanho diferente, vinha de um lugar desconhecido,

CAPÍTULO 2 – A heterogeneidade do processo educativo

enfim, não era nada sedutor. Entretanto, seduziu. Fez com que plateias de todas as idades sofressem com o seu sofrimento e vibrassem com a sua vitória. Se ficássemos na primeira impressão, teríamos apenas medo. As crianças do filme tiveram medo, mas educaram o seu medo, transformando-o em coragem. Uniram-se para salvar o novo amigo porque tiveram curiosidade em conhecer sua história e se apaixonaram por ela. Talvez, se não fossem dóceis, teriam hostilizado aquele que parecia diferente. É assim no mito da caverna de Platão*, que vale a pena trazer para esta discussão:

Sócrates – Figura-te agora o estado da natureza humana em relação à ciência e à ignorância, sob a forma alegórica que passo a fazer. Imagina os homens encerrados em morada subterrânea e cavernosa que dá entrada livre à luz em toda extensão. Aí, desde a infância, têm os homens o pescoço e as pernas presos de modo que permanecem imóveis e só veem os objetos que lhes estão diante. Presos pelas cadeias, não podem voltar o rosto. Atrás deles, a certa distância e altura, um fogo cuja luz os alumia; entre o fogo e os cativos imagina um caminho escarpado, ao longo do qual corre um pequeno muro parecido com os tabiques que os pelotiqueiros põem entre si e os espectadores para ocultar-lhes as molas dos bonecos maravilhosos que lhes exibem.

Glauco – Imagino tudo isso.

Sócrates – Supõe ainda homens que passam ao longo deste muro, com figuras e objetos que se elevam acima dele, figuras de homens e animais de toda a espécie, talhados em pedra e em madeira. Entre os que carregam tais objetos, uns se entretêm em conversa, outros guardam em silêncio.

Glauco – Singular quadro e não menos singulares cativos!

Sócrates – Pois são nossa imagem perfeita. Mas, diz-me: assim colocados, poderão ver de si mesmos e de seus companheiros algo mais que as sombras projetadas, à claridade do fogo, na parede que lhes fica defronte?

Glauco – Não, uma vez que são forçados a ter imóvel a cabeça durante toda a vida.

Sócrates – E dos objetos que lhes ficam por detrás, poderão ver outra coisa que não as sombras?

Glauco – Não.

Sócrates – Ora, supondo-se que pudessem conversar, não te parece que, ao falar das sombras que veem, lhes dariam os nomes que elas representam?

CAPÍTULO 2 – A heterogeneidade do processo educativo

Glauco – Sem dúvida.

Sócrates – E, se, no fundo da caverna, um eco lhes repetisse as palavras dos que passam, não julgariam certo que os sons fossem articulados pelas sombras dos objetos?

Glauco – Claro que sim.

Sócrates – Em suma, não creriam que houvesse nada de real e verdadeiro fora das figuras que desfilaram.

Glauco – Necessariamente.

Sócrates – Vejamos agora o que aconteceria, se se livrassem a um tempo das cadeias e do erro em que laboravam. Imaginemos um destes cativos desatado, obrigado a levantar-se de repente, a volver a cabeça, a andar, a olhar firmemente para a luz. Não poderia fazer tudo isso sem grande pena; a luz, sobre ser-lhe dolorosa, o deslumbraria, impedindo-lhe de discernir os objetos cuja sombra antes via. Que te parece agora que ele responderia a quem lhe dissesse que até então só havia visto fantasmas, porém que agora, mais perto da realidade e voltado para objetos mais reais, via com mais perfeição? Supõe agora que, apontando-lhe alguém as figuras que desfilavam ante os olhos, o obrigasse a dizer o que eram. Não te parece que, na sua grande confusão, se persuadiria de que o que antes via era mais real e verdadeiro que os objetos ora contemplados?

Glauco – Sem dúvida nenhuma.

Sócrates – Obrigado a fitar o fogo, não desviaria os olhos doloridos para as sombras que poderia ver sem dor? Não as consideraria realmente mais visíveis que os objetos ora mostrados?

Glauco – Certamente.

Sócrates – Se o tirassem depois dali, fazendo-o subir pelo caminho áspero e escarpado, para só o liberar quando estivesse lá fora, à plena luz do sol, não é de crer que daria gritos lamentosos e brados de cólera? Chegando à luz do dia, olhos deslumbrados pelo esplendor ambiente, ser-lhe-ia possível discernir os objetos que o comum dos homens têm por serem reais?

Glauco – A princípio nada veria.

Sócrates – Precisaria de algum tempo para se afazer à claridade da região superior. Em primeiro lugar, só discerniria bem as sombras, depois, as imagens dos homens e outros seres refletidos nas águas; finalmente, erguendo os olhos para a lua e as estrelas, contemplaria mais facilmente os astros da noite que o pleno resplendor do dia.

Glauco – Não há dúvida.

Sócrates – Mas, ao cabo de tudo estaria, decerto, em estado de ver o próprio sol, primeiro refletido na água e nos outros objetos, depois visto em si mesmo e no seu próprio lugar, tal qual é.

CAPÍTULO 2 – A heterogeneidade do processo educativo

Glauco – Fora de dúvida.

Sócrates – Recordando-se então de sua primeira morada, de seus companheiros de escravidão e da ideia que lá se tinha da sabedoria, não se daria os parabéns pela mudança sofrida, lamentando ao mesmo tempo a sorte dos que lá ficaram?

Glauco – Evidentemente.

Sócrates – Se na caverna houvesse elogios, honras e recompensas para quem melhor e mais prontamente distinguisse a sombra dos objetos, que se recordasse com mais precisão dos que precediam, seguiam ou marchavam juntos, sendo, por isso mesmo, o mais hábil em lhes dizer a aparição, cuidas que o homem de quem falamos tivesse inveja dos que no cativeiro eram os mais poderosos e honrados? Não preferiria mil vezes, como o herói de Homero, levar a vida de um pobre lavrador e sofrer tudo no mundo a voltar às primeiras ilusões e viver a vida que antes vivia?

Glauco – Não há dúvida de que suportaria toda espécie de sofrimento de preferência a viver de maneira antiga.

Sócrates – Atenção ainda para este ponto. Supõe que nosso homem volte ainda para a caverna e vá assentar-se em seu primitivo lugar. Nesta passagem súbita da pura luz à obscuridade, não lhe ficariam os olhos como submersos em trevas?

Glauco – Certamente.

Sócrates – Se, enquanto tivesse a vista confusa – porque bastante tempo se passaria antes que os olhos se afizessem de novo à obscuridade –, tivesse ele de dar opinião sobre as sombras e a este respeito entrasse em discussão com os companheiros ainda presos em cadeias, não é certo que os faria rir? Não lhe diriam que, por ter subido à região superior, cegara, que não valera a pena o esforço, e que assim, se alguém quisesse fazer com eles o mesmo e dar-lhes a liberdade, mereceria ser agarrado e morto?

Glauco – Por certo que o fariam.

Sócrates – Pois agora, meu caro Glauco, é só aplicar com toda a exatidão esta imagem da caverna a tudo o que antes havíamos dito. O antro subterrâneo é o mundo visível. O fogo que o ilumina é a luz do sol. O cativo que sobe à região superior e a contempla é a alma que se eleva ao mundo inteligível. Ou, antes, já que o queres saber, é este, pelo menos, o meu modo de pensar, que só Deus sabe se é verdadeiro.

CAPÍTULO 2 – A heterogeneidade do processo educativo

> Quanto a mim, a coisa é como passo a dizer-te. Nos extremos limites do mundo inteligível está a ideia do bem, a qual só com muito esforço se pode conhecer, mas que, conhecida, se impõe à razão como causa universal de tudo o que é belo e bom, criadora da luz e do sol no mundo visível, autora da inteligência e da verdade no mundo invisível, e sobre a qual, por isso mesmo, cumpre ter os olhos fixos para agir com sabedoria nos negócios particulares e públicos.
>
> *Glauco* – Sou inteiramente de tua opinião até onde posso alcançar teu pensamento.

*PLATÃO. *A República*. Livro VII, 514a-517c. Bauru, SP: Edipro, 2001.

Sempre gostei de usar a "Alegoria da Caverna", de Platão, com os meus alunos, até porque eles se sentem instigados a sair da caverna, o que não é fácil. A caverna é esse obscurantismo de quem se acha detentor da verdade e não tem coragem de ir além das sombras.

Platão escrevia em forma de diálogos. Sócrates e Glauco travam um diálogo imaginário sobre a caverna e o mundo. Quem está habituado ao mundo das cavernas dificilmente acreditará que existe outra coisa além daquilo que vê, e dificilmente será dócil a quem tente convencê-lo de uma verdade que vai além. De uma luz que mostra um mundo novo, até porque quem está acostumado com a escuridão demora a se acostumar com a luz. É a escuridão que gera o preconceito. É a escuridão que impede que as pessoas se enxerguem de verdade. Pode-se dar outro nome para a escuridão: ignorância.

Cabe ao professor retirar o véu da ignorância e ajudar o seu aluno a fazer o mesmo. Ignorância é diferente de burrice. Ninguém é burro. Todos somos ignorantes. Ignoramos coisas, histórias, caminhos. Só não podemos permitir que a ignorância persista em questões essenciais à convivência. Os preconceitos demonstrados em relação a outras culturas e verdades, assim como a postura inadequada de quem se julga superior, são alguns exemplos de manifestação de ignorância.

CAPÍTULO 2 – A heterogeneidade do processo educativo

Com delicadeza, o professor precisa ajudar o seu aluno a ter a coragem de sair da caverna. Por mais seguro que pareça ser estar na caverna. Sim, porque na caverna não há animais perigosos, não há tempestades, não há mudanças de temperatura, não há perigo. Não, mas na caverna também não há vida. Há apenas sombra de vida. É preciso com a inteligência, habilidade e perseverança que o Criador nos confiou, ir além.

Capítulo 3

Professor-aluno: uma relação de vida

O ser humano se forma em meio a um fluxo inexorável de emoções. Cada encontro guarda um registro, os primeiros registros vêm das famílias que acolhem o ser que se revela pela primeira vez ao mundo. Depois a escola. E na escola, os professores.

Os primeiros professores geralmente têm um preparo todo especial para tratar com as crianças que chegam com certa desconfiança diante do novo cenário. Choram por ter de deixar os pais. Assustam-se com um movimento qualquer que seja diferente do de casa.

CAPÍTULO 3 – Professor-aluno: uma relação de vida

Os professores alfabetizadores também têm uma formação direcionada para esse acolhimento. O aluno tem maior ou menor dificuldade para escrever dependendo de outros fatores que não apenas o aspecto cognitivo. Há alguns que não enxergam bem, outros que não ouvem bem, outros ainda que não conseguem compreender por que trazem marcas profundas de violência doméstica ou simplesmente abandono.

Os professores dos adolescentes têm de saber que eles estão em um processo constante de transformação, o que lhes altera o humor, o sono, a capacidade de concentração. Têm uma rebeldia natural que, se bem trabalhada, pode se transformar em criatividade impressionante.

Os professores, às vezes, pensam que o jovem não precisa do mesmo carinho e da mesma atenção dispensados à criança no processo educativo. Há muitos que na faculdade, por exemplo, decidem não se comprometer, porque os encontros são tão poucos que não compensa saber mais de cada aluno. Esses professores estão ali apenas como instrutores dispostos a transmitir informações de que dispõem sobre a disciplina que lecionam, sem se preocupar em criar um vínculo mais proveitoso com seus alunos.

Na verdade, os professores marcam toda uma vida, positiva ou negativamente.

A escritora Lygia Fagundes Telles* fala sobre isso em seu conto "Papoulas em Feltro Negro". A narradora é uma pianista que fala ao telefone com uma ex-colega de escola, a Natividade. Juntas relembram o passado, muitos anos atrás. Natividade planeja um reencontro da turma com a ex-professora de aritmética, dona Elzira, que agora está muito doente. Por isso, após tanto tempo, telefonou para a colega. Contudo, a pianista não quer ir: lembra que dona Elzira a detestava. O sofrimento nas aulas, a dificuldade nos cálculos, o olhar severo da professora (com suas tranças que pareciam uma coroa), a maldade de lhe tirar o papel na peça de teatro, o recital de poesia que lhe fora negado. Contudo, como insistisse Natividade, e mais considerando a doença e a morte iminente, decide ir. Ao chegar ao local do encontro, porém, a pianista resolve observar o ambiente por trás de uma coluna, de onde avista a antiga professora, sentada à mesa. Estava diferente, diminuída, o rosto meio escondido sob um enorme chapéu preto. Para sua surpresa, a professora a chama de "minha aluna predileta", ao

CAPÍTULO 3 – Professor-aluno: uma relação de vida

que a pianista nega, lembrando que a professora nunca a aceitou e mesmo a perseguiu. Por sua vez, dona Elzira justifica que a futura pianista era na verdade uma aluna muito difícil, ora apática, ora agressiva, até mesmo violenta quando flagrada mentindo. Que mentia demais! Assim, era natural que despertasse na professora o desejo e a vontade de ensinar a ser verdadeira e corajosa. Além de mentir, ela gaguejava muito ao recitar poesia – e por isso a professora queria protegê-la das gozações. A pianista ouve tudo espantada, mas nesse ponto é interrompida:

– Minha neta, não é linda? – perguntou Natividade e me deixou na mão o retratinho.

– Linda.

E não via o retrato, via a mim mesma dissimulada e astuta, infernizando a vida da professora de trança. Então eu gaguejava tanto assim? Invertiam-se os papéis, o executado virava o executor – era isso? Dobrei o cheque dentro do guardanapo e fiz um sinal para Natividade, a minha parte. Despedi-me, tinha um compromisso. Dona Elzira voltou-se e me encarou com uma expressão que não consegui decifrar, o que quis me dizer? Quando tentei beijá-la, esbarrei na vasta aba do chapéu. Beijei-lhe a mão e saí apressadamente. Parei atrás da mesma coluna e fiquei olhando como fiz ao chegar. Tirei da bolsa os óculos de varar distâncias, precisava pegá-la desprevenida. Mas ela baixou a cabeça e só ficou visível o chapéu com as papoulas.

*TELLES, Lygia F. *A noite escura e mais eu.* Rio de Janeiro. Editora Rocco, 1998.

A história é comovente e traz uma verdade que acompanha toda a vida de quem ensina e de quem aprende. As marcas ficam. E o ser humano é tão complexo que não consegue controlar as consequências das palavras e dos gestos.

Não poucas vezes as marcas surgem de feridas abertas que os alunos tinham naquele momento em que, sem perceber, o professor tocou. Talvez a intenção tivesse sido a melhor, mas faltou certa delicadeza e a compreensão do que fazia com que o aluno agisse de uma maneira ou de outra. Os anos passam, mas as lembranças ficam.

Lembro-me de uma professora, em minha educação infantil, que ficou muito brava comigo porque eu não sabia

CAPÍTULO 3 – Professor-aluno: uma relação de vida

quem tinha sumido com alguma coisa que, agora, já não me recordo o que fosse. Ela levantou-me com os braços, arregalou os olhos e me disse coisas horríveis. E eu não sabia direito o que tinha acontecido. Pedi para mudar de escola. Tinha medo de dizer em casa que fora maltratado. Chorei sozinho. E isso faz tempo, e eu nunca esqueci. Nem das palavras rudes afirmando que, como eu estava protegendo alguém, eu não seria ninguém na vida. Ela gritava: – Você nunca vai ser ninguém!

Conversamos anos depois. Ela se lembrou da injustiça. Pediu-me desculpas. Naturalmente, eu já havia perdoado. Mas aquela expressão permaneceu dentro de mim. Os olhos ameaçadores. Eu com a franja tentando me esconder do perigo. E ela me olhando, como querendo roubar alguma coisa que havia dentro de mim e que eu me recusava a partilhar. Eu tentava desviar o olhar. A franja ajudava, mas ela era grande e forte. O interessante, como no conto da Lygia, é que ela não era tão grande assim. Quando nos encontramos anos depois, em um lançamento de livro, eu a reconheci tão pequena, quase me assustei. Será que ela havia diminuído? Tratei-a com muito carinho, ela me disse do orgulho que tinha em ver seu antigo aluno fazendo sucesso. Agradeci. E ela continuou pedindo desculpas, porque sabia que tinha sido muito brava não apenas comigo, mas com tantos outros alunos. "Eu era desequilibrada", insistiu ela. E eu apenas ouvia, lembrando-me da cena de horror. Dei-lhe um abraço apertado e mostrei que a injustiça do passado não tinha sido capaz de me destruir.

Talvez outros de seus alunos tivessem desistido de verdade. Alguns, eu encontrei depois. Uma aluna me disse que, toda vez que ia falar em público, lembrava-se dos gritos da professora que determinava que ela não gaguejasse, mas, a cada grito, ela gaguejava mais. "Até hoje eu não consigo relaxar quando falo, será um trauma?" — perguntava minha antiga colega.

CAPÍTULO 3 – Professor-aluno: uma relação de vida

Os traumas nascem assim. Alguns vão embora. Outros ficam incomodando. Histórias todos os professores têm. Amargas ou doces. Povoam o nosso sentimento e vão dando o traçado da personalidade que temos hoje. Nossa timidez, nossa dificuldade em dizer alguma coisa em público, nossa falta de criatividade podem estar ligadas a uma escola que não se preocupou com esses detalhes. Não estou dizendo que os professores sejam cruéis e que criem traumas horrendos em seus alunos. Machucam sem perceber que deixam dor. Caminham, talvez, distraídos, e não são capazes de perceber os sonhos de tantos pequenos que terão de crescer.

É preciso estar atento para que as lembranças sejam mais libertadoras e menos dolorosas. Mesmo quando a intenção é boa. Vejamos o exemplo do restaurador. Há obras que são mais frágeis. Embora a intenção seja a de restaurar, se o artista puser a mesma força em obras distintas, poderá acertar em alguma e errar grotescamente em outras. Cada obra tem a sua peculiaridade, cada obra tem a sua resistência. É preciso conhecê-las bem antes de iniciar o processo necessário da construção ou da restauração.

Assim como nos menciona a poesia de Paulo Bomfim, príncipe dos poetas:

> Ninguém tem a culpa
>
> Daquilo que não fomos!
>
> Não houve erros
>
> Nem cálculos falhados
>
> Sobre a estepe de papel.
>
> Apenas
>
> Não somos os calculistas,
>
> Porém os calculados,

CAPÍTULO 3 – Professor-aluno: uma relação de vida

Não somos desenhistas,

Mas os desenhados,

E muito menos escrevemos versos

E sim somos escritos,

Ninguém é culpado de nada

Neste estranhar constante.

Ao longe, uma chuva fina

Molha aquilo que não somos.

Capítulo 4

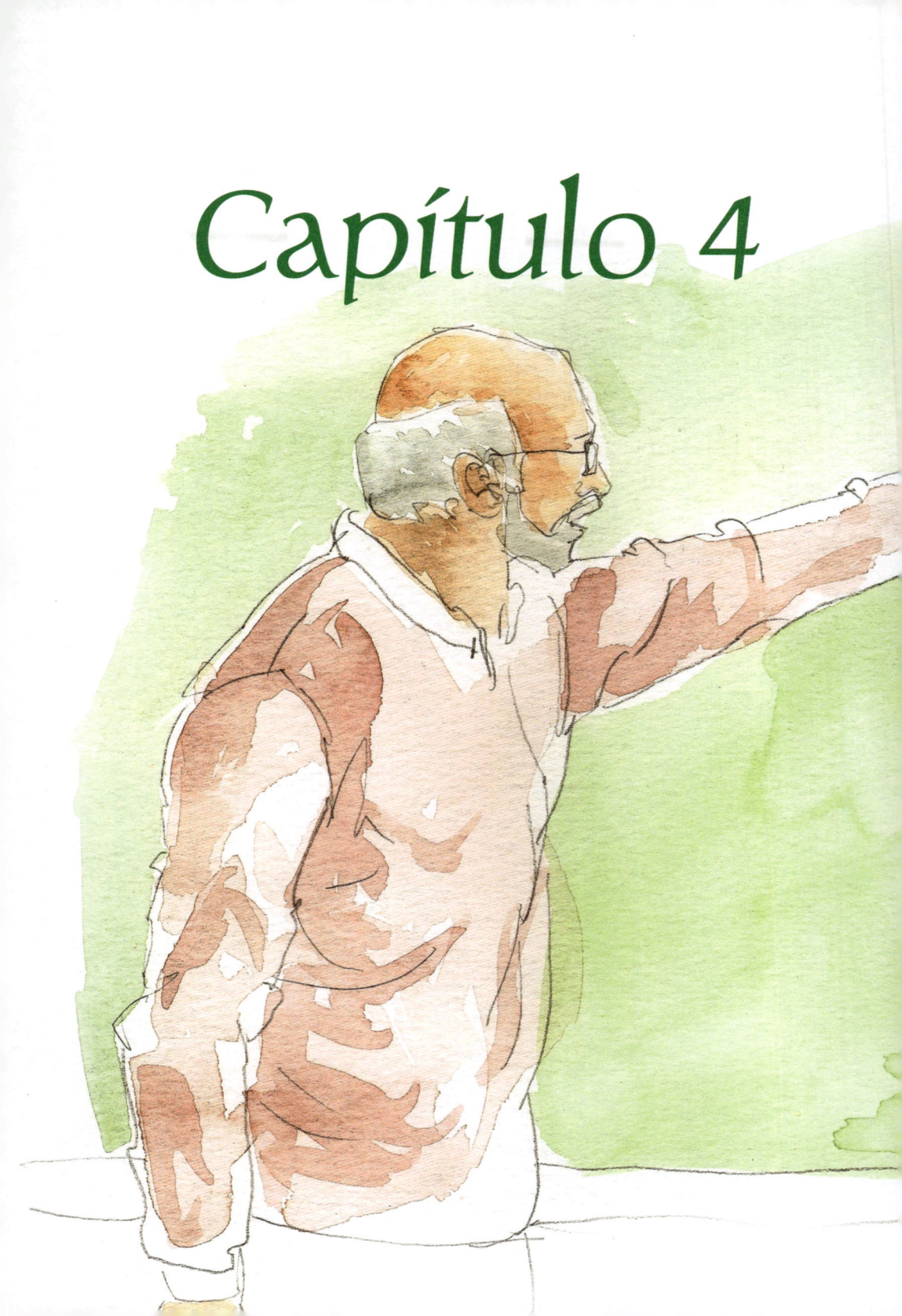

Educar acreditando no outro

Desde os gregos, discute-se muito a existência da verdade. Sócrates e os sofistas navegaram em mares distintos. Sócrates tinha o compromisso com a verdade; os sofistas, não. Sócrates acreditava que todo mundo tinha condições de desenvolver o conhecimento. Os sofistas, em nome de uma tentativa de pacificar os esforços, achavam que não se deveria buscar algo tão doloroso como o parto do conhecimento. Os que conhecem passam o seu conhecimento para os outros na medida de sua necessidade. Sócrates discordava. A aventura do conhecer é

CAPÍTULO 4 – Educar acreditando no outro

individual. Os parteiros apenas auxiliam a nova criança a nascer.

Se a verdade, por um lado, tem a beleza proposta por Sócrates; por outro, corre o risco de ser abraçada de forma absolutamente radical e ignorante. Os que se assumem como donos da verdade estão muito distantes dela. A verdade é como o sol que ilumina e aquece. Não tem dono. É de todos e não é de ninguém.

Verdades absolutas transformam-se em dogmas, o que em educação é um perigo. Verdades absolutas são paradigmas que impedem o professor de conseguir enxergar de outra forma.

O filme *Janela da Alma,* de João Jardim e Walter Carvalho, reúne depoimentos incríveis sobre o olhar dos olhos e o olhar do coração. José Saramago, Hermeto Paschoal, Oliver Sacks, Wim Wenders, entre outros, prestam depoimentos sobre olhar.

Saramago começa afirmando que a visão humana é muito inferior a de animais como o falcão, que tem um poder maior de identificar os detalhes de sua presa. Diz que, se o Romeu da história tivesse olhos de falcão, talvez não se apaixonasse por Julieta. Talvez ficasse tão incomodado com os detalhes de sua pele que não conseguiria enxergar nada além de seus defeitos.

Algumas frases do filme elucidam essa temática.

Eugen Bavcar, fotógrafo e filósofo, diz:

Mas vocês são videntes clássicos, vocês são cegos, porque, atualmente, vivemos em um mundo que perdeu a visão.

A televisão nos propõe imagens prontas, e não sabemos mais vê-las, não vemos mais nada porque perdemos o olhar interior, perdemos o distanciamento.

Em outras palavras, vivemos em uma espécie de cegueira generalizada. Eu também tenho uma pequena televisão e assisto a ela sem enxergar. Mas há tantos clichês que não é preciso que eu veja, fisicamente, para entender o que está sendo mostrado.

CAPÍTULO 4 – Educar acreditando no outro

Os clichês nos envolvem de tal forma que não percebemos o quanto somos injustos quando exigimos do outro o mesmo padrão de beleza que a televisão, por exemplo, construiu. O homem não quer a sua mulher do jeito que ela é, mas quer submetê-la a sacrifícios enormes para que ela fique tão bela quanto a que ele vê na tela de uma televisão. E se não conseguir, talvez se julgue no direito de ter outra mulher para satisfazer o desejo provocado por aquilo que ele vê.

Um cego que, por ser capaz de fotografar, consegue reproduzir imagens sem enxergá-las, Eugen Bavcar transmite-nos outras lições de vida:

> Lembro-me da época em que era mais jovem e perguntava aos rapazes "está vendo alguma moça bonita?" Cheguei a me apaixonar por moças que agradavam a meus amigos, não a mim. Atualmente, prefiro olhar ao vivo. Isto é muito importante. Não devemos falar a língua dos outros nem utilizar o olhar dos outros, porque nesse caso existimos através do outro. É preciso tentar existir por si mesmo.

O que não é fácil. Vivemos em uma sociedade que nos conduz e que determina padrões do que é certo ou errado, sem que tenhamos condições de refletir. Simplesmente aceitamos e, em nome de uma aparente ética, expurgamos aqueles que são diferentes.

O poeta Antônio Cícero fala no mesmo filme da alegria de colocar os óculos e perceber a diferença da copa das árvores, os seus detalhes. É bonito perceber que não se trata de uma coisa só. Sem os óculos, esses detalhes não eram possíveis de ser identificados.

A atriz Marieta Severo também presta seu depoimento, afirmando não conseguir atuar em cenas sem as lentes de contato. Quando não vê, desconcentra-se, não ouve direito, perde um pouco os sentidos da interpretação cênica. É uma sensação horrível, diz a artista, cada vez que uma lente cai.

Oliver Sacks, neurologista e escritor, acrescenta:

CAPÍTULO 4 – Educar acreditando no outro

> O ato de ver e de olhar... não se limita a olhar para fora, não se limita a olhar o visível, mas, também, o invisível. De certa forma, é o que chamamos de imaginação.

Wim Wenders, cineasta, afirma:

> O que mais me agradava nos livros era o fato de que aquilo que eles nos davam não se achava apenas dentro deles, mas o que nós, crianças, adicionávamos a eles é que fazia a história acontecer. Quando crianças, podíamos realmente ler entre as linhas e acrescentar-lhes toda a nossa imaginação. Nossa imaginação realmente contemplava as palavras.
>
> Quando comecei a assistir aos filmes, era assim que eu os via. Queria ler entre as linhas, e, na época, isso era possível.

E o poeta Manoel de Barros, com sua simplicidade fascinante:

> Eu sou muito dominado pelo primitivo. Eu acho que o primitivo é o que manda na alma. Mais do que os olhos.

> O olho vê, a lembrança revê as coisas, e é a imaginação que transvê, que transfigura o mundo, que faz outro mundo para o poeta e para o artista de um modo geral. A transfiguração é a coisa mais importante para um artista.

De novo, Oliver Sacks:

> Não é como se os olhos... se dizemos que os olhos são a janela da alma sugerimos, de certa forma, que os olhos são passivos e que as coisas apenas entram. Mas a alma e a imaginação também saem. O que vemos é constantemente modificado por nosso conhecimento, nossos anseios, nossos desejos, nossas emoções, pela cultura, pelas teorias científicas mais recentes.

O filme traz ainda a história de um menino de Belo Horizonte, que ficou cego aos 17 ou 18 anos. Os pais cuidaram dele como dos outros tantos irmãos. Não houve uma atenção especial, o que foi bom. Ele não se sentia diferente, sentia-se amado, apenas.

Depois de adulto, teve a felicidade de ouvir o depoimento da filha, que, com muito orgulho, falava do pai.

CAPÍTULO 4 – Educar acreditando no outro

Queria levá-lo à escola para mostrar aos amigos que o pai era cego, e que era maravilhoso. A cegueira física não lhe roubou a alegria de viver, ao contrário, desenvolveu nele outras qualidades. Quanto aos sonhos de muitas noites, esses têm imagem.

Hermeto Paschoal fala de uma visão interior que é mais bonita, e que qualquer um pode ter. A visão interior não pode ser atrapalhada pela visão dos olhos. É preciso desenvolver o que está dentro, a visão certa do que a gente quer fazer na vida.

Em um restaurante em Lisboa, sozinho, José Saramago se perguntou: e se todos fôssemos cegos? E concluiu que, de fato, somos cegos de razão, de sensibilidade. Cegos por sermos seres agressivos, violentos.

Hoje é que estamos vivendo dentro da caverna de Platão, disse Saramago. Nesse mundo audiovisual, estamos olhando para a frente, vendo sombras e acreditando que essa é a realidade. Foi necessário que todos esses séculos passassem para que a gente visse a realidade da caverna. É por isso que o escritor gasta boa parte do dia no jardim olhando as plantas e acompanhando o crescimento de cada uma delas.

E se preocupa se há alguma praga, se os frutos estão maduros. É como um ritual, diz ele; como a sua vida vai se aproximando do fim, é bom poder acompanhar o que está acontecendo.

Paulo Freire insistia em salientar que o educador deveria educar para o essencial. Ter olhos de ver é essencial. É isso que motiva o aluno a continuar aprendendo. É enxergar a possibilidade. É sair do convencional. É ter criatividade e perseverança para ousar. A mesmice é um antídoto contra o poder que tem essa geração de fazer a diferença, contra a capacidade inovadora que reside potencialmente em cada jovem. O comodismo encerra, enclausura uma força nova. É preciso acreditar no aluno. Acreditar que ele terá condições de surpreender a si mesmo, em primeiro lugar, e ao mundo.

Há professores que desestimulam seus alunos a saírem da caverna. Ao contrário, com aparente complacência, afirmam que o melhor é ficarem onde estão. Frases tristes como:

– Fazer medicina, meu querido, você? Como é que você vai pagar a faculdade? Você é pobre. Precisa fazer faculdade de pobre. Medicina é muito caro.

Ou ainda:

CAPÍTULO 4 – Educar acreditando no outro

— Você não tem talento para isso. É uma questão de talento. Se insistir, vai acabar sofrendo muito. Escolha uma coisa mais simples, mais parecida com você mesmo.

— Faculdade pública? Tá maluco. Com tanta gente que fez cursinho, que estudou em escola boa. Não perca tempo, não.

E assim continua. Frases ditas sem justificativa, nem finalidade. Frases ditas sem reflexão. É preciso acreditar no aluno. Acreditar no seu sonho ou, ao menos, não abortá-lo.

Na minha história, não foram poucos os que me tentaram roubar o sonho de escrever. Diziam, não por mal, mas por excesso de cuidado, que escrever não leva a nada. Estavam certos quando afirmavam que seria muito difícil conseguir quem publicasse um livro meu. Que eu era muito jovem. Que escrever não dava dinheiro. Que, a cada livro, enfrentaria uma enorme dificuldade. Não erraram. Foi difícil mesmo. O início foi penoso. Horas em uma editora aguardando alguém que me recebesse. Era uma constante via-sacra. Mas que importa? A vida é um desafio. Depois vieram aqueles que quiseram roubar de mim o sonho de fazer filosofia e ser professor.

— Filosofia? Tá maluco? Vai viver do quê?

Prossegui. Foi difícil. Seguramente, foi difícil. Mas tem valido a pena. Que história é essa de decidir pelo outro? Cada um tem de trilhar o seu próprio caminho e, aos mestres, fica a esperança de que acreditem em seus alunos. Orientar não significa destruir os sonhos. Deixe o aluno ir percebendo seus acertos e erros. Apenas segure em suas mãos quando ele vacilar e oriente-o quando o perigo estiver muito próximo.

Educar é acreditar no outro. Quem não acredita na possibilidade de transformação do ser humano, em sua capacidade de superação, não pode ser educador.

O educador precisa ver o que une os alunos, perceber o discurso que é quase universal. Enxergar além da indisciplina ou da apatia. Ir além. Ser capaz de não desanimar quando o jardim não estiver florido. Ser capaz de enxergar sementes por debaixo da terra.

CAPÍTULO 4 – Educar acreditando no outro

Tive experiências ricas na Febem (atual Fundação Casa). Vi jovens com posturas terríveis se transformarem. Certa vez, em uma das unidades de internação de menores, eu fui conversar com alguns jovens. Cumprimentei um a um, estendendo a mão. Um deles cruzou os braços e me olhou com raiva, disse-lhes que estava ali para explicar um programa que daria trabalho e estudo para quando saíssem. O mesmo que cruzou os braços afirmou que mataria uns dez se o deixassem sair. Fingi que não era comigo e continuei a conversa. O programa, aliás, teve muito sucesso. Mais de 2 mil adolescentes tiveram emprego garantido, o que os ajudou muito no processo de reintegração à sociedade.

Esse mesmo jovem acompanhava tudo a distância. Os programas de teatro, música, dança, olhava tudo, mas não participava de nada. Ele, aos poucos, foi ficando mais perto de mim e, um dia, com os olhos lacrimejando, pediu que eu arrumasse alguma coisa para ele. Queria que sua mãe tivesse orgulho dele. Pediu-me um emprego. Arrumei. Começou a fazer faculdade. Encontrei-o, anos mais tarde, casado com uma professora, pai de dois filhos. Rosto suave.

Disse que ia começar a fazer um trabalho na Febem. Queria explicar àqueles jovens que o amor é capaz de transformar a vida das pessoas. E a professora, sua mulher, riu, dizendo que a vida dela também tinha sido transformada.

Se eu ficasse com a primeira impressão daquele jovem, talvez tivesse me recusado a ajudá-lo, com medo de que ele fizesse o prometido no primeiro encontro.

As pessoas dizem muitas coisas que não correspondem à verdade. Na tentativa de serem aceitos, jovens agridem para mostrar que existem, para fazer com que alguém se preocupe com eles. É o seu jeito de dizer que querem amor. Vivenciei muitas histórias parecidas, de outros jovens da Febem, cujas transformações pude presenciar. Inclusive no aspecto físico. Uma pessoa mais amada se torna mais bonita. A unidade de internação das meninas tinha suas especificidades. Conseguimos inaugurar uma pequena maternidade no local. As mães podiam ficar ali com seus filhos, cuidar deles. Conseguimos uma parceria com uma médica dermatologista maravilhosa, doutora Denise Steiner, que fez um projeto voluntário ensinando-as a serem mais bonitas. E como isso deu certo!

Insisto na ideia inicial: professor tem que acreditar no aluno. E ver além. Além da aparência primeira. Além da fragilidade que se transformou em atitude inadequada de enfrentamento ou apatia.

Há outros exemplos cotidianos em sala de aula. Há alunos que, sem perceber, decidiram que não sabem e que nunca vão aprender. Internamente, estão convencidos disso. E o professor, com delicadeza, pode convencê-los do contrário. Sem exageros. Sem conselhos nem sermões. Com uma pedagogia acolhedora.

O primeiro passo não é descobrir o que o aluno não sabe, mas o que ele sabe. Cada um tem uma história de vida que vale a pena ser conhecida. O aluno que não sabe escrever talvez saiba contar histórias que viveu ou que presenciou, talvez tenha ricas experiências que podem ser partilhadas com outras pessoas, talvez fique fascinado com a câmera nas mãos e o desafio de fotografar paisagens ou pessoas.

Esse aluno pode, depois de perceber o talento da fotografia, aprender a escrever bem, nem que seja para fazer a legenda da fotografia. Seu processo de escrita virá com maior facilidade, porque ele se descobriu fotógrafo de gente ou de cenários. A sensibilidade do fotógrafo não é tão diferente da do escritor, mas, às vezes, uma arte encaminha à outra. Foi preciso, entretanto, que primeiro alguém lhe colocasse uma câmera nas mãos, e seus textos ganharam sentidos. Isso é muito mais eficiente do que obrigar um aluno que não escreve a escrever.

Alunos tímidos que têm medo de falar não perderão a timidez com a braveza do professor. É com jeito, uma conversa aqui, um trabalho em dupla, abrindo espaço para que ele diga pouca coisa, mas algo que lhe dê conforto, e, aos poucos, ele vai se soltando. À força, nada funciona em matéria educacional. Isso não significa que o educador não deva ser exigente. Exigente, sim; ríspido, não. Exigente, sim; desequilibrado, nunca.

O professor precisa compreender que sua relação com o aluno é de natural generosidade. Uma troca em que tanto

CAPÍTULO 4 – Educar acreditando no outro

a ausência quanto o cinismo são intoleráveis. Caminhar juntos. A ausência faz com que o aluno não espere nada do professor nem de si mesmo, o que é um desperdício. E o professor só aceitará caminhar com o seu aluno se ele próprio tiver consciência de que é também um ser humano sujeito às vicissitudes do mundo e da vida. É preciso ter o desejo de melhorar o mundo e acreditar na educação como o melhor caminho para fazê-lo. É preciso ter um amor transformador, que acompanhe, um a um, aqueles que nos foram entregues para o desafio da aprendizagem.

Temos muita coisa em excesso. O que não temos em excesso é o tempo. E por isso é preciso priorizar. A presença tem de ser inteira. Um professor que entra em uma sala de aula precisa acontecer. Estar inteiro na relação com os alunos. Encantar, motivar, instigar. Sua saída deve deixar uma sensação interna de continuar. O que importa é o que vem depois para os alunos. O conhecimento não se esgota, em hipótese alguma, na sala de aula. O aluno tem de sair dali com fome de saber. Para isso, a emoção e a razão precisam conversar. É estranho, mas cada vez mais as pessoas se emocionam menos com as histórias do cotidiano. Buscam histórias extraordinárias. O que é um desperdício e um risco. O jovem vai participar de um racha e, com isso, coloca em risco a sua vida e as vidas de tantos outros, em busca de uma aventura extraordinária. Dirige uma moto a 160 km/h, sem capacete, em busca de uma história extraordinária que pode acabar com sua vida. Droga-se, querendo viver a emoção. Destrói-se em busca da emoção. E a emoção está tão perto, mas ele não tem olhos para ver e não encontrou ninguém que o ajudasse.

Castro Alves morreu jovem, com 24 anos. Contudo, sua memória e sua obra atravessam os séculos. Com apenas 17 anos, e já sofrendo a fatal tuberculose, sentiu medo de morrer, mas também um desejo imenso de viver – que expressou num poema. *"No sótão ao toque da meia-noite quando o peito me doía e um pressentimento me pesava n'alma"*, escreveu ele à margem do manuscrito.

CAPÍTULO 4 – Educar acreditando no outro

Apesar da sombra da morte, o poeta quis mostrar que é possível transformar essas impressões de que não se será nada. Vencer a morte, eternizar-se. A vida não é aquilo que foi determinado, mas o que nós decidimos.

Superar a dor e o prazer. Entender o passageiro e o definitivo. Utilizar as contradições que a vida nos apresenta, com a crença de que é possível ser alguém. Derrotar a voz pessimista e agoureira que prediz somente o vazio e o esquecimento. Eis um desafio do educador e do educando. Tão perto um do outro e, por vezes, tão distantes.

Mocidade e morte*2

E perto avisto o porto

Imenso, nebuloso, e sempre noite

Chamado – Eternidade –

LAURINDO

Lasciate ogni speranza, voi ch'entrate

DANTE

---

2 - O poeta nomeou este poema, primeiro, como "O Tísico".

Oh! eu quero viver, beber perfumes

Na flor silvestre, que embalsama os ares;

Ver minh'alma adejar pelo infinito,

Qual branca vela n'amplidão dos mares.

No seio da mulher há tanto aroma...

Nos seus beijos de fogo há tanta vida...

– Árabe errante, vou dormir à tarde

À sombra fresca da palmeira erguida.

Mas uma voz responde-me sombria:

Terás o sono sob a lájea fria.

Morrer... quando este mundo é um paraíso,

E a alma um cisne de douradas plumas:

Não! o seio da amante é um lago virgem...

CAPÍTULO 4 – Educar acreditando no outro

Quero boiar à tona das espumas.

Vem! formosa mulher – camélia pálida,

Que banharam de pranto as alvoradas,

Minh'alma é a borboleta, que espaneja

O pó das asas lúcidas, douradas...

E a mesma voz repete-me terrível,

Com gargalhar sarcástico: – impossível! –

Eu sinto em mim o borbulhar do gênio

Vejo além um futuro radiante:

Avante! – brada-me o talento n'alma

E o eco ao longe me repete – avante!

O futuro... o futuro... no seu seio...

Entre louros e bênçãos dorme a glória!

Após – um nome do universo n'alma,

Um nome escrito no Panteon da história.

E a mesma voz repete funerária: –

Teu Panteon – a pedra mortuária!

Morrer – é ver extinto dentre as névoas

O fanal, que nos guia na tormenta:

Condenado – escutar dobres de sino,

– Voz da morte, que a morte lhe lamenta –

Ai! morrer – é trocar astros por círios,

Leito macio por esquife imundo,

Trocar os beijos da mulher – no visco

Da larva errante no sepulcro fundo.

Ver tudo findo... só na lousa um nome,

Que o viandante a perpassar consome.

E eu sei que vou morrer... dentro em meu peito

Um mal terrível me devora a vida:

Triste Ahasverus, que no fim da estrada,[3]

Só tem por braços uma cruz erguida.

Sou o cipreste, qu'inda mesmo flórido,

Sombra de morte no ramal encerra!

---

3 - Também chamado "O judeu errante", *Ahasverus* é um personagem mítico da tradição oral cristã, cuja atitude zombeteira, ao ver Cristo carregando a cruz, lhe teria custado, segundo uma das versões, a maldição de vagar pelo mundo até o fim dos tempos.

CAPÍTULO 4 – Educar acreditando no outro

Vivo – que vaga sobre o chão da morte,

Morto – entre os vivos a vagar na terra.

Do sepulcro escutando triste grito

Sempre, sempre bradando-me: maldito! –

E eu morro, ó Deus! na aurora da existência,

Quando a sede e o desejo em nós palpita...

Levei aos lábios o dourado pomo,

Mordi no fruto podre do Asfaltita.

No triclínio da vida – novo Tântalo –[4]

O vinho do viver ante mim passa...

Sou dos convivas da legenda Hebraica,

O 'stilete de Deus quebra-me a taça.

É que até minha sombra é inexorável,

Morrer! Morrer! soluça-me implacável.

---

4 - *Triclínio* é, na antiga Roma, uma sala de jantar com três leitos inclinados ao redor de uma mesa; *Tântalo* é um mitológico rei da Lídia que, por roubar os manjares dos deuses, foi condenado a passar fome e sede, sendo lançado, no Tártaro, em um vale rico em águas e frutas que, contudo, fugiam ao toque de suas mãos.

Adeus, pálida amante dos meus sonhos!

Adeus, vida! Adeus, glória! amor! anelos!

Escuta, minha irmã, cuidosa enxuga

Os prantos de meu pai nos teus cabelos.

Fora louco esperar! fria rajada

Sinto que do viver me extingue a lampa...[5]

Resta-me agora por futuro – a terra,

Por glória – nada, por amor – a campa.

Adeus!... arrasta-me uma voz sombria.

Já me foge a razão na noite fria!...

---

5 - Lâmpada ou luz.

*ALVES, Castro. *Poesia*. Seleção de Eugênio Gomes. 6. ed. Rio de Janeiro: Agir, 1980, p. 19-22. (Coleção Nossos clássicos, 44)

CAPÍTULO 4 – Educar acreditando no outro

Assim como a luta de Castro Alves, não é ingênua a luta de outro poeta, Drummond, contra as pedras no meio do caminho. Acreditar no aluno, deixando-o só, sem instrução nem emoção, não resolve. É preciso estar perto, até porque pedras não faltarão nessa fascinante caminhada.

Capítulo 5

Superando vícios e construindo virtudes

Virtudes são qualidades percorridas por quem é correto. Toda pessoa de boa índole percorre boas virtudes. O aluno virtuoso é aquele que estuda corretamente, que ajuda o outro, e se permite ser ajudado. Que respeita o professor e que compreende suas limitações. Que ama e é amado.

O professor virtuoso é aquele que se lembra, o tempo todo, do poder transformador que tem, das qualidades de ajudar o aluno a encontrar o seu caminho. O professor virtuoso ama e se permite ser amado. Ao mesmo tempo, é competente e cuidadoso.

CAPÍTULO 5 – Superando vícios e construindo virtudes

Palavras. É fácil imaginar o que tem de ser. Por outro lado, os vícios são defeitos, comportamentos inadequados que destroem relações. Pessoas que se entregam àquilo que não faz bem.

Alunos viciados são os alunos cujo comportamento desagrada ao grupo. Têm postura que não condiz com quem busca aprender. Agridem, maltratam, atrapalham a boa harmonia de um grupo.

Professores viciados são aqueles que se entregam ao marasmo ou à burocracia de nada mais inventar na relação com seu aluno. São arrogantes, às vezes; ausentes, outras.

Continuamos no mundo das palavras. Dificilmente há de se encontrar um professor que seja integralmente virtuoso ou um aluno que não tenha vício algum. Não existe esse maniqueísmo. As pessoas vivem de fracassos e de vitórias. De quedas e de sonhos. De ódio e de amor.

Uma condição imprescindível para a boa relação na sala de aula é a compreensão de que a perfeição não existe. Existe vontade de superar. Existe determinação para recomeçar quando tudo parece ter se perdido.

A relação entre professores e alunos necessita privilegiar esse campo das imperfeições. O professor é imperfeito como o aluno também é. O professor erra e acerta. Da mesma forma, o aluno. São seres que se encontram para entender um pouco que é possível desenvolver o que cada um tem de melhor. Isso é uma grande virtude.

A virtude primeira é o amor. O amor responsável. O amor generoso, o amor compreensivo. O amor acolhedor. O amor inteligente.

Aprender com os aprendizes compõe uma interação necessária. O aluno não tem de ser passivo nessa relação. Ele aprende. Mas ele ensina.

Rousseau* assim nos orienta:

Não vejo em todo animal senão uma máquina engenhosa, à qual a natureza deu sentidos para prover-se ela mesma, e para se preservar, até certo ponto, de tudo o que tende a destruí-la ou perturbá-la. Percebo exatamente as mesmas coisas na máquina humana, com a diferença de que a natureza faz tudo nas operações do animal, ao passo que o homem concorre para as suas na qualidade

CAPÍTULO 5 – Superando vícios e construindo virtudes

de agente livre. Um escolhe ou rejeita por instinto, o outro por um ato de liberdade, o que faz com que o animal não possa afastar-se da regra que lhe é prescrita, mesmo quando lhe fosse vantajoso fazê-lo, e que o homem dela se afaste frequentemente em seu prejuízo. É assim que um pombo morre de fome perto de uma vasilha cheia das melhores carnes, e um gato, sobre uma porção de frutas ou de grãos, embora ambos pudessem nutrir-se com os alimentos que desdenham, se procurassem experimentá-lo; é assim que os homens dissolutos se entregam a excessos que lhes ocasionam a febre e a morte, porque o espírito deprava os sentidos, e a vontade fala ainda quando a natureza se cala.

Todo animal tem ideias, pois tem sentidos; combina mesmo as ideias até certo ponto: e, sob esse aspecto, o homem só difere do animal do mais ao menos; alguns filósofos chegaram a avançar que há mais diferença entre um homem e outro do que entre um homem e um animal. Não é, pois, tanto o entendimento que estabelece entre os animais a distinção específica do homem como sua qualidade de agente livre. A natureza manda em todo animal, e a besta obedece. O homem experimenta a mesma impressão, mas se reconhece livre de consentir ou de resistir; e é sobretudo na consciência dessa liberdade que se mostra a espiritualidade de sua alma; porque a física explica de certa maneira o mecanismo dos sentidos e a formação das ideias; mas, no poder de querer, ou melhor, de escolher, e no sentimento desse poder, só se encontram atos puramente espirituais, dos quais nada se pode explicar pelas leis da mecânica.

Mas, mesmo quando as dificuldades que envolvem todas essas questões permitissem a discussão sobre essa diferença entre o homem e o animal, há uma outra qualidade muito específica que os distingue, sobre a qual não pode haver contestação: é a faculdade de se aperfeiçoar, a qual, com o auxílio das circunstâncias, desenvolve sucessivamente todas as outras e reside, entre nós, tanto na espécie como no indivíduo, ao passo que um animal é, no fim de alguns meses, o que será toda a vida, e sua espécie, ao cabo de mil anos, o que era no primeiro desses mil anos. Por que só o homem está sujeito a se tornar imbecil? Não será porque volta assim ao seu estado primitivo e, enquanto o animal – que

CAPÍTULO 5 – Superando vícios e construindo virtudes

> nada adquiriu e nada tampouco tem a perder – fica sempre com o seu instinto, o homem, perdendo de novo, com a velhice ou outros acidentes, tudo o que a sua perfectibilidade lhe fizera adquirir, torna a cair assim mais baixo do que a própria besta?
>
> *ROUSSEAU, Jean-Jacques. *Discurso sobre a origem e os fundamentos da desigualdade entre os homens.* (em pdf), p. 17-8. Disp. em: <http://www.dominiopublico.gov.br/download/texto/cv000053.pdf>. Acesso em: 18 abr. 2014.

O aluno precisa de espaço para o desenvolvimento de sua autonomia. Tem de aprender a dizer "não" e a dizer "sim". A discutir. E como isso há de enriquecer a relação na sala de aula! Um professor que não permite ser contrariado perde uma grande oportunidade de aprender. As inquietações marcaram as primeiras discussões nas escolas gregas e medievais. O aluno não é objeto. É tão sujeito quanto o professor. A troca é profundamente instigante. E isso faz bem ao educador, porque o tira da rotina de dizer sempre as mesmas coisas para uma plateia que apenas cumpre o papel de assistir passivamente às suas explanações. O desafio de convencer e a humildade de ser convencido por outra ideia, por outro olhar. E tudo isso a serviço da construção de uma postura pessoal e profissional mais adequada.

Virtudes e vícios haverão de conviver, mas os valores bem trabalhados no processo educacional servem como bússola que não permite aos navegadores se perderem. Não é possível que se preveja na sala de aula tudo o que há de acontecer na vida. Mas é possível, sim, preparar para a vida. Preparar para dizer "não" para a desonestidade, para o ultraje, para a arrogância, para o comodismo, para o desperdício da vida. E preparar para dizer "sim", "sim" à tolerância, "sim" ao amor compartilhado, "sim" à vida correta de quem faz o bem como missão e como hábito.

Na escola, aprende-se, habitua-se a fazer o que é correto. Das coisas mais simples às mais complexas. De deixar limpo o banheiro a encarar com respeito todas as pessoas. Dos cumprimentos corriqueiros ao conceito de um mundo que precisa de intervenções sérias para que a dignidade humana não seja uma utopia.

São textos que saem das páginas dos livros e entram na vida. Histórias que iluminam as emoções e que conduzem as ações. Detalhes. Singeleza.

CAPÍTULO 5 – Superando vícios e construindo virtudes

Já se escreveram muitos contos assim. Um deles é de Arthur Azevedo*:

De cima para baixo

Naquele dia o ministro chegou de mau humor ao seu gabinete, e imediatamente mandou chamar o diretor-geral da Secretaria.

Este, como se movido fosse por uma pilha elétrica, estava, poucos instantes depois, em presença de Sua Excelência, que o recebeu com duas pedras na mão.

— Estou furioso! – exclamou o conselheiro. – Por sua causa passei por uma vergonha diante de Sua Majestade o Imperador.

— Por minha causa? – perguntou o diretor-geral, abrindo muito os olhos e batendo nos peitos.

— O senhor mandou-me na pasta um decreto de nomeação sem o nome do funcionário nomeado!

— Que me está dizendo, Excelentíssimo?...

E o diretor-geral, que era tão passivo e humilde com os superiores, quão arrogante e autoritário com os subalternos, apanhou rapidamente no ar o decreto que o ministro lhe atirou, em risco de lhe bater na cara, e, depois de escanchar a luneta no nariz, confessou em voz sumida:

— É verdade! Passou-me! Não sei como isto foi...

— É imperdoável esta falta de cuidado! Deveriam merecer-lhe um pouco mais de atenção os atos que têm de ser submetidos à assinatura de Sua Majestade, principalmente agora que, como sabe, está doente o seu oficial de gabinete!

E, dando um murro sobre a mesa, o ministro prosseguiu:

— Por sua causa esteve iminente uma crise ministerial: ouvi palavras tão desagradáveis proferidas pelos augustos lábios de Sua Majestade, que dei a minha demissão!...

— Oh!...

— Sua Majestade não o aceitou...

— Naturalmente; fez Sua Majestade muito bem.

— Não a aceitou porque me considera muito, e sabe que a um ministro ocupado como eu é fácil escapar um decreto mal copiado.

— Peço mil perdões a Vossa Excelência – protestou o diretor-geral, terrivelmente impressionado pela palavra demissão. – O acúmulo de

CAPÍTULO 5 – Superando vícios e construindo virtudes

serviço fez com que me escapasse tão grave lacuna; mas afirmo a Vossa Excelência que de agora em diante hei de ter o maior cuidado em que se não reproduzam fatos desta natureza.

O ministro deu-lhe as costas e encolheu os ombros, dizendo:

– Bom! Mande reformar essa porcaria!

O diretor-geral saiu, fazendo muitas mesuras, e chegando no seu gabinete, mandou chamar o chefe da 3ª seção, que o encontrou fulo de cólera.

– Estou furioso! Por sua causa passei por uma vergonha diante do Sr. Ministro!

– Por minha causa?

– O senhor mandou-me na pasta um decreto sem o nome do funcionário nomeado!

E atirou-lhe o papel, que caiu no chão.

O chefe da 3ª seção apanhou-o, atônito, e, depois de se certificar do erro, balbuciou:

– Queira Vossa Senhoria desculpar-me, Sr. Diretor... são coisas que acontecem... havia tanto serviço... e tudo tão urgente!...

– O Sr. Ministro ficou, e com razão, exasperado! Tratou-me com toda a consideração, com toda a afabilidade, mas notei que estava fora de si!

— Não era caso para tanto.

— Não era caso para tanto? Pois olhe, Sua Excelência disse-me que eu devia suspender o chefe de seção que me mandou isto na pasta!

— Eu... Vossa Senhoria...

— Não o suspendo; limito-me a fazer-lhe uma simples advertência, de acordo com o regulamento.

— Eu... Vossa Senhoria.

— Não me responda! Não faça a menor observação! Retire-se, e mande reformar essa porcaria!

***

O chefe da 3ª seção retirou-se confundido, e foi ter à mesa do amanuense que tão mal copiara o decreto:

— Estou furioso, Sr. Godinho! Por sua causa passei por uma vergonha diante do sr. diretor-geral!

— Por minha causa?

— O senhor é um empregado inepto, desidioso, desmazelado, incorrigível! Este decreto não tem o nome do funcionário nomeado!

CAPÍTULO 5 – Superando vícios e construindo virtudes

E atirou o papel, que bateu no peito do amanuense.

– Eu devia propor a sua suspensão por 15 dias ou um mês: limito-me a repreendê-lo, na forma do regulamento! O que eu teria ouvido, se o sr. diretor-geral me não tratasse com tanto respeito e consideração!

– O expediente foi tanto, que não tive tempo de reler o que escrevi...

– Ainda o confessa!

– Fiei-me em que o sr. chefe passasse os olhos...

– Cale-se!... Quem sabe se o senhor pretende ensinar-me quais sejam as minhas atribuições?!...

– Não, senhor, e peço-lhe que me perdoe esta falta...

– Cale-se, já lhe disse, e trate de reformar essa porcaria!...

***

O amanuense obedeceu.

Acabado o serviço, tocou a campainha. Apareceu um contínuo.

– Por sua causa passei por uma vergonha diante do chefe da seção!

— Por minha causa?

— Sim, por sua causa! Se você ontem não tivesse levado tanto tempo a trazer-me o caderno de papel imperial que lhe pedi, não teria eu passado a limpo este decreto com tanta pressa que comi o nome do nomeado!

— Foi porque...

— Não se desculpe: você é um contínuo muito relaxado! Se o chefe não me considerasse tanto, eu estava suspenso, e a culpa seria sua! Retire-se!

— Mas...

— Retire-se, já lhe disse! E deve dar-se por muito feliz: eu poderia queixar-me de você!...

***

O contínuo saiu dali, e foi vingar-se num servente preto, que cochilava num corredor da Secretaria.

— Estou furioso! Por sua causa passei pela vergonha de ser repreendido por um bigorrilhas!

— Por minha causa?

CAPÍTULO 5 – Superando vícios e construindo virtudes

— Sim. Quando te mandei ontem buscar na portaria aquele caderno de papel imperial, por que te demoraste tanto?

— Porque...

— Cala a boca! Isto aqui é andar muito direitinho, entendes? Porque no dia em que eu me queixar de ti ao porteiro estás no olho da rua. Serventes não faltam!...

O preto não redarguiu.

***

O pobre diabo não tinha ninguém abaixo de si, em quem pudesse desforrar-se da agressão do contínuo; entretanto, quando depois do jantar, sem vontade, no frege-moscas, entrou no pardieiro em que morava, deu um tremendo pontapé no seu cão.

> O mísero animal, que vinha, alegre, dar-lhe as boas-vindas, grunhiu, grunhiu, grunhiu, e voltou a lamber-lhe humildemente os pés.
>
> O cão pagou pelo servente, pelo contínuo, pelo amanuense, pelo chefe da seção, pelo diretor-geral e pelo ministro!...
>
> ---
>
> *AZEVEDO, Arthur. In: *Os 100 melhores contos de humor da literatura universal*. Org. Fábio Moreira da Costa. Rio de Janeiro: Ediouro, 2001, p. 293. Disp. em: <http://www.releituras.com/aazevedo_cimabaixo.asp>. Acesso em: 19 abr. 2014.

O que se esconde nas entrelinhas desse texto? Por que este conto, cheio de violência simbólica, é afinal engraçado? Quantos tons de voz usa cada personagem, a depender da posição hierárquica em que está? Por que o contínuo e o servente, ao serem acusados, sequer chegam a completar suas frases? Por que o cão pagou por todos?

As questões literárias são fascinantes porque não são uníssonas. É possível entender de múltiplas maneiras. O que não se pode é reduzir a beleza que nos encanta por detrás dessas páginas. Deve-se permitir que o aluno encontre as virtudes e os vícios em tantas histórias de vida, e que ele escreva sua própria história, ajudando a formar seres para a liberdade.

CAPÍTULO 5 – Superando vícios e construindo virtudes

É preciso construir coletivamente a virtude da liberdade.

Liberdade é a ousadia de, sem medo, fazer uso da razão. Liberdade não é fazer isso ou aquilo apenas. É fazer isso ou aquilo porque antes vieram o pensamento, a comparação e depois a decisão. É um caminho dos que não aceitam passivamente a primeira escolha feita por outros.

Liberdade é arrebentar as tantas correntes advindas de uma sociedade que tem tanta dificuldade de aceitar o diferente. Talvez por medo. Talvez por acomodação. Liberdade e acomodação são forças que não combinam. Um pássaro não deixa de voar porque encontrou um feixe de conforto onde haverá de viver a sua história. Pássaro que é pássaro não busca o conforto. Busca o infinito.

Pessoas livres são aquelas que conseguem dizer "não" ao conforto do não fazer. Ao direito que acham que têm de não subir ao palco. Preferem ver o que vai acontecer. Triste a vida sem vida.

É preciso que nós, professores, optemos pela liberdade para que, livres, ensaiemos uma outra canção com os nossos alunos. Sem medo de desafinar. Desafinar faz parte do ensaio. O pior é não cantar.

A música da liberdade ecoa como um instrumento poderoso. Os vícios estarão por aí, mas serão dominados pelas virtudes. Negar o vício é ingenuidade. Negar a virtude é escravidão.

O vício aprisiona. A virtude liberta. Os alunos precisam aprender a se libertar do vício, e deixar de achar que ele não existe. Se assim não fizerem, estarão despreparados. É preciso saber que o leão existe e é poderoso. Não adianta fingir que só há animais carinhosos pelo caminho. Eles conseguirão enfrentar o leão se souberem de sua existência e se conhecerem as armas para detê-lo.

Liberdade é missão. Nascemos para a liberdade e não há como negá-la. É essa nossa sina. Não fomos feitos em série. Não somos máquinas nem robôs. Somos gente. E gente é gente porque é livre. E, se é livre, tem de agir.

E é de amizade que professores e alunos precisam para que o amor torne as pessoas mais competentes e corajosas.

CAPÍTULO 5 – Superando vícios e construindo virtudes

O saber não pode estar trancado nas bibliotecas empoeiradas.

O saber deve estar a serviço da essência e da convivência.

Que a liberdade e a esperança nos realimentem a cada nascer do dia, como expressa Tagore*, um dos maiores poetas hindus, no belo poema:

Cântico da Esperança

Não peça eu nunca

para me ver livre de perigos,

mas coragem para afrontá-los.

Não queira eu

que se apaguem as minhas dores,

mas que saiba dominá-las

no meu coração.

Não procure eu amigos

no campo da batalha da vida,

mas ter forças dentro de mim.

Não deseje eu ansiosamente

ser salvo,

mas ter esperança

para conquistar pacientemente

a minha liberdade.

Não seja eu tão cobarde, Senhor,

que deseje a tua misericórdia

no meu triunfo,

mas apertar a tua mão

no meu fracasso!

Gritei:

– Vendo-me!

O Rei tomou-me pela mão e disse:

– Sou poderoso, posso comprar-te.

Mas de nada lhe serviu o seu poder

e voltou sem mim no seu carro.

As casas estavam fechadas

CAPÍTULO 5 – Superando vícios e construindo virtudes

ao sol do meio-dia,

e eu vagueava pelo beco tortuoso

quando um velho

com um saco de oiro às costas

me saiu ao encontro.

Hesitou um momento, e disse:

– Posso comprar-te.

Uma a uma contou as suas moedas.

Mas eu voltei-lhe as costas

e fui-me embora.

Anoitecia e a sebe do jardim

estava toda florida.

Uma gentil rapariga

apareceu diante de mim, e disse:

– Compro-te com o meu sorriso.

Mas o sorriso empalideceu

e apagou-se nas suas lágrimas.

E regressou outra vez à sombra,

sozinha.

O sol faiscava na areia

e as ondas do mar

quebravam-se caprichosamente.

CAPÍTULO 5 – Superando vícios e construindo virtudes

Um menino estava sentado na praia

brincando com as conchas.

Levantou a cabeça

e, como se me conhecesse, disse:

– Posso comprar-te com nada.

Desde que fiz este negócio a brincar,

sou livre.

*TAGORE, Rabindranath. *O coração da primavera*. Manoel Simões (trad.). Curitiba: Editora Braga, 1990.